高职高专项目化实训系列教材

U0507030

财务管理项目化实训

主　编　王媚莎
副主编　戴玉林

经济科学出版社

图书在版编目（CIP）数据

财务管理项目化实训/王媚莎主编．—北京：
经济科学出版社，2011.12
ISBN 978 - 7 - 5141 - 1372 - 3

Ⅰ．①财…　Ⅱ．①王…　Ⅲ．①财务管理 -
高等职业教育 - 教材　Ⅳ．①F275

中国版本图书馆 CIP 数据核字（2011）第 259011 号

责任编辑：周胜婷　张　萌
责任校对：王凡娥
技术编辑：王　鹏

财务管理项目化实训

主　编　王媚莎
副主编　戴玉林

经济科学出版社出版、发行　新华书店经销
社址：北京市海淀区阜成路甲 28 号　邮编：100142
总编部电话：88191217　发行部电话：88191104
网址：www. esp. com. cn
电子邮件：esp@ esp. com. cn
北京中石油彩色印刷有限责任公司印刷
787 × 1092　16 开　8.25 印张　200000 字
2012 年 1 月第 1 版　2012 年 1 月第 1 次印刷
ISBN 978 - 7 - 5141 - 1372 - 3　定价：25.00 元

前　言

作为我国高职院校经济管理类专业开设的核心课程之一——财务管理课程，在实际工作中应用广泛，同时，财务管理也是一门集理论与实务于一体的专业技能性很强的一门学科。为凸显高职院校财务管理人才的培养特色，本教材结合编者多年企业一线财务管理经验和多年高职教学经验，以理论知识"必需、够用"，"突出高技能培养"为原则，坚持"教学内容项目化、项目内容任务化，任务内容过程化，理论实践一体化"的高职教学改革方向编写而成。

本教材将 Excel 与财务管理的理论内容灵活结合，以一家虚拟的公司——广州百泰集团股份有限公司（假设该公司在深交所上市，简称广州百泰）发生的财务管理业务作为一个贯穿项目，假定广州百泰下属四家子公司——KK 公司、GG 公司、EE 公司和 PP 公司，拟于 2012 年新设立一家子公司——HH 公司。教材基本体系围绕设计的八个子项目——如何认识财务管理的基本价值观念、进行证券估价、进行财务预测与全面预算、筹资决策、投资决策、管理流动资金、进行利润分配和进行财务分析进行编写，一步步引导学生借助 Excel 熟悉和了解财务管理的多个领域。

教材中每一个项目都根据业务流程设计了多项任务，每个任务都通过一个案例来帮助引入主题。在教材编写中，我们均详细地标注出各项任务的能力目标、知识目标以及实训项目的操作技巧及实训解决方案和相应分析。为便于实训教学，本教材配套提供了实训模板，学生可从随书附带的光盘中下载。

本教材是基于实践本位理念、基于能力本位理念以及基于工作过程导向理念编写的项目化实训教材，适合作为高职院校会计、财务管理、工商管理、金融等相关经济管理类专业的教材使用，也可以作为企业财务管理人员的参考和培训用书，使用者可根据本教材有效地运用 Excel 解决财务管理方面的有关问题。

本教材由王媚莎、戴玉林担任主编，王媚莎负责全书整体设计、策划和初稿的审阅。具体编写分工如下：项目一、三、八由王媚莎编写；项目二、四由戴玉林编写；项目五由全自力编写；项目六由黄圣洲编写；项目七由杨奇编写。最后由王媚莎进行增删修改和定稿。在编写过程中得到用友新道科技有限公司的企业同仁和经济科学出版社编辑的大力支持，同时，还参考了财务管理理论和实务界同行们的相关文章和著作，在此一并表示衷心感谢！限于学识和水平，教材中难免有欠妥和不成熟之处，恭请读者和有关专家提出宝贵意见和建议，以便我们以后修改。

编者

2011 年 12 月

目　　录

项目一　认识财务管理的基本价值观念

任务一　计算和分析资金的时间价值

【案例引入】

生活中的时间价值

你和一个朋友路过一家面包店，一款特色面包正在推销，价值 12 元。你的朋友身无分文。向你借了 12 元用来买该款面包自己享用，并答应下个星期归还。此外你的朋友坚持要为这 12 元支付合理的报酬。那么你所要求的报酬应该是多少呢?

这个问题的答案表明了货币时间价值的含义：对放弃当前消费的机会成本所给予的公平回报。对于理性经济人来说，只有当他们能在未来获得更多的消费时，他们才会放弃当期的消费。放弃消费今天的一个面包，你有可能会在将来消费更多的面包。注意：本例中，已经隐含地假定面包的预期价格不会上涨（也就是不存在通货膨胀），此外也不存在你的朋友不还钱的违约风险。在这种情况下，我们最需要考虑的是这一由于时间因素引起的机会成本，即时间价值。

保单的宣传技巧

常见的储蓄型保单广告，常会故意忽略货币的复利时间价值，夸大投资报酬率。比如说有这样一个寿险的产品广告宣传单：趸缴保费 10 万元，保额 12 万元。每 3 年还本 10 000 元，30 年后到期还本 12 万元。

广告的算法是：（10 000 × 9 + 120 000）÷ 100 000 = 210%，210% ÷ 30 = 7%。报酬率 7% 比存款利率高得多。

实际上考虑时间价值的实际利率法计算 IRR = 3.42%。复利的算法只有宣传单算法的一半，由于其保额只有趸缴保费的 120%，保障的功能也不高，因此保守型投资者，与其投资此 30 年期的还本储蓄险，还不如拿去投资 30 年期的国债，复利报酬率还可以高一些。

【能力目标】

能计算复利终值、复利现值、年金终值和年金现值且对经济业务进行分析。

【知识目标】

　　1. 理解货币时间价值的概念。

　　2. 掌握 FV、PV 等有关财务函数的使用。

　　3. 熟悉并掌握复利终值、复利现值、年金终值和年金现值的计算，据此作出客观评价。

【实训项目】

一、实训项目资料及要求

　　广州百泰 2011 年年末对优秀员工实施奖励政策，有以下几种奖金发放方式，请进行相应分析：

　　1. 5 年后要从银行取出 10 000 元一次性发放，现在应存入银行的现金是多少？

　　2. 现在存入银行 10 000 元，5 年后一次性可发放多少钱？

　　3. 每年在银行存入 1 000 元，10 年后一次性可发放多少钱？

　　4. 准备为优秀员工购买一份保险 10 000 元，预计以后 20 年每年能拿到 800 元保险金，请判断是否值得购买此份保险？

　　5. 今后 5 年中每年年初等额存入银行 2 000 元，那么 5 年末可一次性从银行取出多少钱进行奖金发放？

　　6. 准备存入银行一笔钱，希望能够在第 4 年至第 9 年末每年等额从银行取出 2 000 元钱进行奖金发放，那么现在应当一次性存入银行多少钱？

　　银行利率为 6%，按复利计算。

二、实训项目知识链接

（一）有关时间价值的计算公式

　　终值是指现在的一笔资金按给定的利率计算所得到的未来某一时刻的价值，现值是指未来的一笔资金按给定的利率计算所得到的现在时刻的价值。对本金计算利息的方法有单利和复利两种，单利是指仅对本金计算利息，以前各期所产生的利息不再计算利息的计算方式，而复利是不仅对本金计算利息，而且对以前各期所产生的利息也计算利息的计算方式。

　　复利终值的计算公式如下：

$$FV_n = PV \times (1 + i)^n = PV \times FVIF_{i,n}$$

　　式中：FV_n——第 n 期的复利终值；

　　PV——本金（复利现值）；

　　i——年利率；

　　n——计息年数；

　　$FVIF_{i,n}$——复利终值系数（以下相同字母或缩写含义省略）。

　　复利现值的计算公式如下所示：

$$PV = FV_n \times (1 + i)^{-n} = FV_n \times PVIF_{i,n}$$

　　式中：$PVIF_{i,n}$——复利现值系数。

　　年金 A 是指一定期限内每期都有的一系列等额的收付款项。年金可按照发生的时间和期限的不同划分为四种类型：普通年金（后付年金）、先付年金、递延年金和永续年金。

普通年金是指在每期期末等额收付，普通年金终值的计算公式如下所示：

$$FVA_n = A \times \frac{(1+i)^n - 1}{i} = A \times FVIFA_{i,n}$$

式中：FVA_n——n 期的年金终值；

$FVIFA_{i,n}$——年金终值系数。

普通年金现值的计算公式如下所示：

$$PVA_n = A \times \frac{1 - (1+i)^n}{i} = A \times PVIFA_{i,n}$$

式中：PVA_n——n 期的年金现值；

$PVIFA_{i,n}$——年金现值系数。

先付年金是指在每期期初等额收付，先付年金终值的计算公式如下所示：

先付年金终值 $= A \times FVIFA_{i,n} \times (1+i) = A \times (FVIFA_{i,n+1} - 1)$

先付年金现值的计算公式如下所示：

先付年金现值 $= A \times PVIFA_{i,n} \times (1+i) = A \times (PVIFA_{i,n-1} + 1)$

递延年金是递延 m 期以后才开始有的年金，递延年金终值可直接根据普通年金终值公式计算，递延年金现值的计算公式如下所示：

递延年金现值 $= A \times PVIFA_{i,n} \times PVIF_{i,m} = A \times PVIFA_{i,m+n} - A \times PVIFA_{i,m}$

永续年金是无限期定额支付的年金，没有终值，永续年金现值的计算公式如下所示：

永续年金现值 $= \dfrac{A}{i}$

（二）相关财务函数

Excel 提供了有关时间价值计算的财务函数，可以方便地在模型中直接加以应用，下面简要介绍部分财务函数的功能与语法。

1. 终值函数 FV（）。

功能：基于固定利率及等额分期付款方式，返回某项投资的未来值。

语法：FV（rate, nper, pmt, pv, type）

式中：Rate 为各期利率。

Nper 为总投资期，即该项投资的付款期总数。

Pmt 为各期所应支付的金额，其数值在整个年金期间保持不变。通常，pmt 包括本金和利息，但不包括其他费用或税款。如果省略 pmt，则假设其值为零，并且必须包括 pv 参数。

Pv 为现值，或一系列未来付款的当前值的累积和。如果省略 PV，则假设其值为零，并且必须包括 pmt 参数。

Type 数字 0 或 1，用以指定各期的付款时间是在期初还是期末。如果为 1，付款在期初，如果为 0 或忽略，付款在期末。

以下相同参数含义略。

2. 现值函数 PV（）。

功能：返回投资的现值，现值为一系列未来付款当前值的累积和。

语法：PV(rate,nper,pmt,fv,type)

式中：Fv 为未来值，或在最后一次支付后希望得到的现金余额，如果省略 fv，则假设其值为零，并且必须包括 pmt 参数。

3. 年金函数 PMT( )。

功能：基于固定利率及等额分期付款方式，返回投资或贷款的每期付款额，即年金。

语法：PMT(rate,nper,pv,fv,type)

4. 期数函数 NPER( )。

功能：基于固定利率及等额分期付款方式，返回某项投资的总期数。

语法：NPER(rate,pmt,pv,fv,type)

5. 利率函数 RATE( )。

功能：返回年金的各期利率。函数 RATE 通过迭代法计算得出，并且可能无解或有多个解。如果在进行 20 次迭代计算后，函数 RATE 的相邻两次结果没有收敛于 0.0000001，函数 RATE 将返回错误值#NUM!。

语法：RATE(nper,pmt,pv,fv,type,guess)

三、实训步骤

1. 打开项目一中"1 – 1 资金的时间价值"的工作簿，并在相应工作表中输入原始数据。

2. 参考下表所示，利用相关财务函数在工作表中进行计算。

单元格	公式或函数	单元格	公式或函数
E5	= PV(B1,B5,, – F5)	F6	= FV(B1,B6,, – E6)
F7	= FV(B1,B7, – D7)	E8	= PV(B1,B8, – D8)
D9	= PMT(B1,B8, – E9)	G10	= RATE(B8, – D10,E10)
B11	= NPER(B1,D11, – E11)	F12	= FV(B1,B12, – D12,,1)
E13	= PV(B1,B13, – D13) – PV(B1,C13, – D13)	E14	= PV(B1,C13,, – PV(B1,B13 – C13, – D13))

四、实训项目解决方案及分析

实训结果如下表所示：

	A	B	C	D	E	F	G
1	银行利率	6%					
3	终值、现值计算表						
4		期限（年）	递延期	年金	现值	终值	期望报酬率
5	1. 复利现值	5			7 472.58	10 000	
6	2. 复利终值	5			10 000	13 382.26	
7	3. 年金终值	10		1 000		13 180.79	
8	4. 年金现值	20		800	9 175.94		

续表

	A	B	C	D	E	F	G
9	年金			871.85	10 000		—
10	报酬率			800	10 000		4.96%
11	报酬期	23.79		800	10 000		—
12	5. 先付年金终值	5		2 000		11 950.64	
13	6. 递延年金现值（方法1）	9	4	2 000	6 673.17		
14	递延年金现值（方法2）				6 673.17		

实训分析：

1. 5 年后要从银行取出 10 000 元一次性发放，现在应存入银行的现金是 7 472.58 元。

2. 现在存入银行 10 000 元，5 年后一次性可发放 13 382.26 元。

3. 每年在银行存入 1 000 元，10 年后一次性可发放 13 180.79 元。

4. 准备为优秀员工购买一份保险 10 000 元，预计以后 20 年每年能拿到 800 元保险金，是否值得购买的方法的判断有以下几种：

方法 1：这笔保险回报的年金现值为 9 175.94 元，小于现在一次性支付的金额，所以是不值得购买的。

方法 2：如果将 10 000 元存入银行，20 年中每年可以从银行拿到 871.85 元，大于保险回报，所以不值得购买保险。

方法 3：如果购买此保险，实际报酬率只有 4.96%，小于银行存款利率，所以不值得购买。

方法 4：如果购买此保险，需要 23.79 年才可以拿回投资额，超过保险的回报期，故不买。

5. 今后 5 年中每年年初等额存入银行 2 000 元，那么 5 年末可一次性从银行取出 11 950.64 元进行奖金发放。

6. 准备存入银行一笔钱，希望能够在第 4 年至第 9 年末每年等额从银行取出 2 000 元钱进行奖金发放，那么现在应当一次性存入银行 6 673.17 元。

任务二 认识风险和报酬

【案例引入】

苹果公司的风险投资

从"苹果一号"新型微机被设计出，到创办公司，前后仅 5 年时间，苹果公司便迈入《幸福》杂志 500 强，成为上市公司的佼佼者。在美国风险投资的历史中，苹果公司的风险投资可谓经典一例。在美国风险投资的历史中，苹果公司较早展示了风险投资的不同凡响。1976 年，两个二十多岁的青年设计出了一种新型微机（苹果一号），受到社会欢迎。后来，风险投资家马克首先入股 9.1 万美元，创办了苹果公司。从 1977 年到 1980 年 3 年时间，苹果公司的营业额就突破了 1 亿美元。1980 年，公司公开上市，市值达到 12 亿美元，1982 年便迈入《幸福》杂志的 500 家大企业行列。一家新公司在 5 年之内就进入 500 家大公司排行榜，苹果公司是首例。

苹果公司的创始人史蒂夫·乔布斯和史蒂夫·沃兹尼亚克，是在一家酿计算机俱乐部相识的。外号叫"沃兹"的沃兹尼亚克当时正在惠普公司工作，他曾经企图说服惠普公司的领导人研制微型计算机，但是没有成功。1976 年，乔布斯和沃兹尼亚克研制出了苹果一号计算机。早在这种计算机上市以前，它就已经美名远扬，因为它在当时的微型计算机中，性能稳定，质量上乘。之后，他们曾为创立自己的公司而努力过，但一筹莫展。

1977 年他们又研制出苹果二号机，在设计方面又上了一个台阶。它看起来比当时流行的大部分机子更专业化，它的外壳和键盘是米色的，重量还不到 15 磅，搬动起来很轻便，每台价格 1 350 美元，可以为广大用户所接受。苹果二号机内装有 7 个扩充槽，可供使用者根据需要来增添图像、打印和通信等功能。后来，乔布斯成功地说服了风险投资资本家马克·马库拉向苹果公司投资。马库拉当时 34 岁，因为在英特尔公司的股票上发了财，便提前退休。他个人给苹果公司投资 9.1 万美元，另外他还给公司筹资 60 万美元。苹果公司终于在加利福尼亚州的库帕迪诺一套宽敞明亮的房子里正式开业。风险资本完成了循环的重要一步：进入风险企业。

由于苹果公司的产品精良，财源充足，公司一帆风顺，很快就获得了成功。1978 年夏，苹果二号计算机开始提供磁盘驱动器。接着于 1979 年底，苹果公司又推出了专门为苹果二号机编制的套装软件 VisiCale。这正是许多经理人员所迫切需要的。苹果公司不遗余力的宣传活动，再加上苹果机专用的 VisiCale 软件的充分供应，使苹果二号计算机成为热门畅销货。苹果二号机的畅销，很大原因是它使用的 VisiCale 软件。这种软件已经被证明是第一套最成功的软件。顾客们常常走进计算机商店说，他们要买 VisiCale 和能使用这种软件的计算机。这样，苹果二号机就和 VisiCale 一道卖给顾客了。苹果公司很快就占领了微型计算机市场，并为这初露锋芒的产业在用户心中确立了威信。到 1980 年，苹果公司的营业额已突破了 1 亿美元。

1980 年，苹果公司公开上市，第一天就从 22 美元涨到 29 美元，公司的市场价值达到 12 亿美元，风险企业家乔布斯、斯科特所持的股份价值分别达到 1.65 亿美元和 0.62 亿美元，而风险投资家马克·马库拉所持的股份价值已增至 1.54 亿美元，苹果公司当月还产生了另外 40 多个百万富翁。到 1982 年，苹果公司还不到 5 周岁，已跻身 500 家大企业行列，时间之短，在当时企业界独一无二。通过上市，风险投资完成了其循环：退出风险企业。风险企业家变现了自己的投资。风险投资成功与否最终体现在其退出上，苹果公司以公开上市方式实现风险资本退出是风险投资退出的最高境界。

苹果公司较早地以自己的巨大成功预示了风险投资的不寻常。其中，我们可以清晰地看到风险资本循环的全貌。首先通过缜密而敏锐的寻觅或遴选，找到理想的投资对象。然后便进入循环的第一阶段：风险资本进入风险企业。进入有多种方式，可以新办公司，也可以投资于已有企业。苹果公司属于前者。通过帮助风险企业发展壮大，风险资本的最终目的是实现其循环：退出风险企业。退出有转让、上市等方式，上市是退出的最高境界。苹果公司通过上市给投资人带来了丰厚的利润，是风险资本运作的完美典范。

【能力目标】

1. 能衡量单项资产的风险和报酬。
2. 能衡量证券投资组合的风险和报酬。
3. 会计算风险价值且能对决策方案作出客观评价。

【知识目标】

1. 理解风险价值的概念。
2. 掌握衡量单项资产的风险和报酬。
3. 掌握衡量证券投资组合的风险和报酬。
4. 风险价值的计算方法并对决策方案做出客观评价。
5. 掌握公式复制的方法。

【实训项目】

一、实训项目资料及要求

（一）单项资产的风险和报酬

广州百泰某个投资项目有 A、B、C 三个方案，投资额均为 10 000 元，其收益的概率分布如下表所示。

活动情况	概率	A 项目的预期收益率	B 项目的预期收益率	C 项目报酬率
繁荣	30%	90%	20%	38%
正常	40%	15%	15%	30%
衰退	30%	−60%	10%	26%
合计	100%			

假设风险价值系数为 8%，无风险报酬率为 6%。

要求：分别计算 A、B、C 三个方案的预期报酬率、标准差、标准离差率，并根据计算结果进行风险分析。

（二）投资组合的风险和报酬

已知无风险收益率为 8%，市场平均要求收益率为 15.4%，广州百泰的一个投资组合的持股状况如下表所示：

股票	β 值	持股比例
STOCK - 1	0.8	10%
STOCK - 2	1.2	35%
STOCK - 3	1.5	20%
STOCK - 4	1.7	15%
STOCK - 5	2.1	20%

请进行股票投资组合的收益预测。

二、实训项目知识链接

（一）单项资产的风险与报酬

单项资产预期报酬率用在不同状态下出现的报酬率的加权平均值来表示，其计算公式为：

$$\overline{K} = \sum_{i=1}^{N} K_i P_i$$

式中：P_i——第 i 种结果出现的概率；

K_i——第 i 种结果可能出现后的报酬率；

N——所有可能结果的数目。

通常用方差或标准差表示资产报酬的离散程度（变化性），方差是离差平方和的平均数，其计算公式如下：

$$Var = \sum_{i=1}^{N} (K_i - \overline{K})^2 \times P_i$$

标准差是方差的平方根，其计算公式为：

$$\sigma = \sqrt{Var} = \sqrt{\sum_{i=1}^{N} (K_i - \overline{K})^2 \times P_i}$$

标准差是以期望值为中心计算出来的，因而有时直接用标准差来比较是不准确的，为解决此问题，引入变化系数（离散系数），其计算公式为：

$$v = \frac{\sigma}{\overline{K}}$$

（二）投资组合的风险和报酬

证券投资组合预期报酬率的计算公式如下：

$$r_p = \sum_{j=1}^{m} r_j A_j$$

式中：r_j——第 j 种证券的预期报酬率；

A_j——第 j 种证券在全部投资额中的比重；

m——组合中的证券种类总数。

投资组合的标准差的计算公式如下：

$$\sigma_p = \sqrt{\sum_{j=1}^{m} \sum_{k=1}^{m} A_j A_k \sigma_{jk}}$$

$$\sigma_{jk} = r_{jk} \sigma_j \sigma_k$$

式中：σ_{jk}——第 j 种证券和第 k 种证券报酬率的协方差；

r_{jk}——第 j 种证券和第 k 种证券报酬率的预期相关系数。

（三）资本资产定价模型 CAPM

CAPM 的研究对象是充分组合情况下风险与要求的收益率之间的均衡关系。根据投资理论，在投资组合中非系统风险可以被分散掉，无法分散的是系统风险，所以一项资产的预期报酬率取决于它的系统风险，而度量单一债券系统风险的指标是 β 系数，β 系数越大，系统风险越高，要求的报酬率也越高，其风险与收益之间的关系计算公式如下：

$$K_i = R_f + \beta(K_m - R_f)$$

式中：K_i——第 i 只股票的必要报酬率；

R_f——无风险收益率，通常用国库券的收益率反映；

K_m——平均股票的要求收益率。

投资组合 β 系数的计算公式如下：

$$\beta_p = \sum X_i \beta_i$$

（四）有关函数

1. SUMPRODUCT（）函数。

功能：在给定的几组数组中，将数组间对应的元素相乘，并返回乘积之和。

语法：SUMPRODUCT(array1, array2, array3, …)

式中：array1，array2，array3，…为 2 到 255 个数组，其相应元素需要进行相乘并求和。

2. POWER（）函数。

功能：返回给定数字的乘幂。

语法：POWER(number, power)

Number 底数，可以为任意实数。

Power 指数，底数按该指数次幂乘方。

可以用"^"运算符代替函数 POWER 来表示对底数乘方的幂次。

3. SQRT（）函数。

功能：返回正平方根。

语法：SQRT(number)

Number 要计算平方根的数。

三、实训步骤

（一）单项资产的风险和报酬

1. 打开项目二中"1-2 认识风险和报酬"工作簿，点击"单项资产的风险和报酬"工作表，并在相应工作表中输入原始数据。

2. 在工作表中输入相关公式和函数进行计算，如下表所示：

单元格	公式或函数	单元格	公式或函数
C9	= SUMPRODUCT(B3:B5, C3:C5)	C10	= SUMPRODUCT(B3:B5, (C3:C5 − C9)^2)
C11	= SQRT(C10)	C12	= C11/C9
D9	= SUMPRODUCT(B3:B5, D3:D5)	D10	= SUMPRODUCT(B3:B5, (D3:D5 − D9)^2)
D11	= SQRT(D10)	D12	= D11/D9
E9	= SUMPRODUCT(B3:B5, E3:E5)	E10	= SUMPRODUCT(B3:B5, (E3:E5 − E9)^2)
E11	= SQRT(E10)	E12	= E11/E9

(二) 投资组合的风险和报酬

1. 点击"投资组合的风险和报酬"工作表，并在相应工作表中输入原始数据。
2. 在工作表中输入相关公式和函数进行计算，如下表所示：

单元格	公式或函数	单元格	公式或函数
D6	$= B6 * C6$	C11	$= SUM(D6:D10)$
C12	$= B2 + C11 * (B3 - B2)$	D15	$= \$B\$2 + B15 * (\$B\$3 - \$B\$2)$
E15	$= C15 * D15$	D20	$= SUM(E15:E19)$

选中单元格 D6，将光标放在单元格 D6 的右下角，当光标变成十字时，向下拖动光标至 D10，即将 D6 的公式复制到单元格区域 D7：D10。也可直接在"开始"选项卡上的"剪贴板"组中，单击"复制"，然后将其粘贴在单元格区域 D7：D10。

复制单元格 D15 至单元格区域 D16：D19。

复制单元格 E15 至单元格区域 E16：E19。

四、实训项目解决方案及分析

(一) 单项资产的风险和报酬

实训结果如下表所示：

	A	B	C	D	
1	风险收益计算表				
2	活动情况	概率	A项目报酬率	B项目报酬率	C项目报酬率
3	繁荣	30%	90%	20%	38%
4	正常	40%	15%	15%	30%
5	衰退	30%	−60%	10%	26%
6	合计	100%			
7	无风险收益率（%）	6%			
8	风险收益计算				
9	预期报酬率（%）		15.00%	15.00%	31.20%
10	方差		33.75%	0.15%	0.23%
11	标准差 σ		58.09%	3.87%	4.75%
12	变化系数 ν		3.87	0.26	0.15

实训分析：A、B 两个项目的预期报酬率均为 15%，可以直接比较两项目的标准差来判断风险。由于 A 项目的标准差为 58.09%，远大于 B 项目的标准差 3.87%，由此可见 A 项目的风险较大，同时 A 项目的变化系数也大于 B 项目。

对于 B、C 两个项目，直接从标准差看，C 项目的标准差 4.75% 大于 B 项目的标准差 3.87%，但不能简单下结论说 C 项目的风险比 B 项目大，因为 C 项目的预期报酬率为

31.2% 比 B 项目的预期报酬率 15% 大。C 项目的变化系数为 0.15 比 B 项目的变化系数 0.26 小，这说明 C 项目的绝对风险较小，但相对风险较大，B 则与此相反。

（二）投资组合的风险和报酬

实训结果如下表所示：

	A	B	C	D	E
1	股票投资收益预测				
4	1. 利用投资组合的 β 系数计算				
5	股票	β 值	持股比例	加权 β 值	
6	STOCK – 1	0.8	10%	0.08	
7	STOCK – 2	1.2	35%	0.42	
8	STOCK – 3	1.5	20%	0.3	
9	STOCK – 4	1.7	15%	0.255	
10	STOCK – 5	2.1	20%	0.42	
11	投资组合的 β 值		1.475		
12	投资组合的预期报酬率		18.92%		
13	2. 利用个股预期报酬率加权计算				
14	股票	β 值	持股比例	个股收益	加权个股收益
15	STOCK – 1	0.8	10%	13.92%	1.39%
16	STOCK – 2	1.2	35%	16.88%	5.91%
17	STOCK – 3	1.5	20%	19.10%	3.82%
18	STOCK – 4	1.7	15%	20.58%	3.09%
19	STOCK – 5	2.1	20%	23.54%	4.71%
20	投资组合的预期收益率		18.92%		

项目二 证券估价

任务一 债券估价

【案例引入】

长江电力公司债分析

作为一种新的金融工具，公司债投资价值突出，具有多方面投资亮点。下面我们以长江电力公司债为例，剖析公司债的主要特点：

1. 公司质地优良：长电作为我国最大的水电类上市公司，业绩优良、收益稳定、现金流充沛，具有良好的偿债能力，公司评级和债券信用评级均为国内最高的 AAA 级。长电公司债具有准国债的特性，而其票面利息高于国债，对投资者有较大的吸引力。本期债券由建行提供全额担保，本息偿付有充分保障。银行的担保消除了保险机构投资本期债券的障碍，也增加了债券的流动性。

2. 市场化定价：以往企业债券发行利率由发行人和主承销商商定，且规定不得高于同期银行存款利率的 40%。本期长电债的票面利率由保荐人和发行人根据市场化询价结果协商确定，询价对象涵盖了交易所债券市场几乎所有类型的机构投资者，包括保险公司、社保基金、财务公司、基金公司、券商理财产品、信托投资公司、QFII 等，询价通过簿记建档的方式进行，询价市场化程度很高。票面利率比较真实地反映了市场对收益率的要求。

3. 设置了回售条款：本期公司债券规定，持有人有权在债券存续期间第 7 年付息日将其持有的债券全部或部分按面值回售给公司，实际上相当于在普通的 7 年期债券上附加了一个供投资者选择的条款。若 7 年后市场利率低于票面利率，则投资者可选择继续持有以获取较高收益，否则可选择回售。该条款为投资者提供了较大的操作空间，提升了债券的价值，其价值应高于普通的同资质的 7 年期债券。

4. 同时在交易所固定收益电子平台和竞价交易系统上市流通：固定收益电子平台采用报价交易和询价交易，比较适合机构投资者之间进行大宗债券交易，也符合国际上债券交易的通行做法。同时，电子平台的一级交易商可申请对长电债做市，将进一步提高长电债的流动性。而集中竞价交易系统具有实时、连续交易的特性，比较适合普通投资者参与债券交易。多种交易方式的有机结合，满足了不同投资者交易的偏好。

5. 多层面强化对债券持有人权益的保护：本期债券在国内首次引入了受托管理人和债券持有人会议强化对债券持有人权益的保护，华泰证券既是保荐人又是受托管理人，全程对发行人进行持续督导，保护债券持有人权益。另外，本期债券提供持续信息披露和跟踪评级安排。同时设定了多项偿债保障措施。长电债从多个层面强化了对债券持有人权益的保护。

随着公司债市场的成熟完善，目前限制公司债发展的类似于"保险机构不能投资于无担保企业债券"的政策将会逐步解除，未来公司债市场的投资主体将会大大丰富，包括商业银行等在内的金融机构可能都将逐步进入这一市场。未来公司债整体发行规模将逐步增加，公司债将逐步过渡到无担保的信用债券，其收益水平差异将逐步拉大，低信用等级的公司债将会有较高的收益率以覆盖其信用风险，而与此同时，债券价格的波动范围也将扩大。包括个人投资者在内的市场投资主体将面临一个十分广阔的投资空间。

【能力目标】

1. 能建立债券估价动态模型。
2. 能对债券进行估价和分析。
3. 会运用函数、单变量求解和规划求解的方法计算债券收益率。

【知识目标】

1. 掌握如何根据债券的发行条件进行债券估价。
2. 掌握运用滚动条建立债券估价动态模型。
3. 掌握利用画图工具进行债券估价分析，观察各因素变化对债权价值的影响。
4. 掌握利用函数、单变量求解和规划求解的方法进行债券收益率的计算。

【实训项目】

一、实训项目资料及要求

1. 广州百泰拟发行企业债券，发行条件为：债券面值为1 000元，每年的票面利率为10%，每年付息一次，5年期，同等风险投资的必要报酬率为12%，请估算债券的价值。

2. 建立债券估价动态模型考察债券发行价格与面值、票面利率、折现率、计息期数、到期时间之间的关系，并通过画图反映债券价值与到期时间之间的关系。

3. 广州百泰以1 106元购入一张面值为1 000元的债券，票面利率为8%，每年计算并支付一次利息，5年后到期，该公司持有该债券至到期日，请计算到期收益率。

二、实训项目知识链接

债券估价的基本模型如下：

$$PV = \sum_{t=1}^{n} \frac{M \times r}{(1+i)^t} + \frac{M}{(1+i)^n}$$

式中：PV——债券价值；

r——年票面利率；

M——到期的本金，即面值；

i——年折现率，一般采用当时的市场利率或投资的必要报酬率；

t——计息的第 t 年数；

n——债券到期前的年数。

如果债券利息每年支付 m 次，则计算公式为：

$$PV = \sum_{t=1}^{mn} \frac{M \times r/m}{(1+i/m)^t} + \frac{M}{(1+i/m)^{mn}}$$

当债券以特定价格购入并持有至到期日时，可根据上式倒推使未来现金流量等于债券购入价格的折现率，即债券的收益率。

三、实训步骤

（一）债券估价基础模型

打开项目二中的"2-1债券估计"工作簿，点击"债券估价基础模型"工作表，在相应单元格中输入原始数据。

参考下表，利用相应公式或函数在单元格中进行计算。

单元格	公式或函数	单元格	公式或函数
B9:E9	｛=B5*B1｝（数组公式）	F9	=B5*B1+B5
B10	=B9/(1+\$B\$2)^B8	B11	=SUM(B10:F10)
B14	=PV(B2,B4,-B5*B1,-B5)		

复制单元格 B10，至 C10:F10。

（二）债券估价动态模型

点击"债券估价动态模型"工作表，单击"开发工具/插入"（如果找不到"开发工具"选项，则需要先更改在 Excel 中最常用的选项，单击"Microsoft Office 按钮"，单击"Excel 选项"，选择在功能区显示"开发工具"选项卡），在"表单控件"中单击"滚动条（窗体控件）"，然后将光标（此时光标为十字）从单元格 C2 的左上角拖到右下角。右击单元格 C2 的滚动条，然后单击小菜单上的"设置控件格式"，单击"控制"选项卡，在"单元格链接"的编辑框中输入 C2，点击"确定"按钮。这样就为单元格 B2 建立了滚动条，按同样方法为 B3、B4 和 B5 建立滚动条。

在 B2 输入"=C2/100"，B3 输入"=C3/100"，B4 输入"=C4"，B5 输入"=C5+1 000"。每单击一次滚动条两端的箭头，相应单元格中的数值就发生增减变化，同时"每期利息"、"每期贴现率"、"计息期数"和"债券价值"的计算结果就会发生相应变化。

参考下表，利用相应公式或函数在单元格中进行计算。

单元格	公式或函数	单元格	公式或函数
B6	=B5*B2/B4	B7	=B3/B4
B9:L9	｛=B8:L8*B4｝（数组公式）	B10:L10	｛=PV(B7,B9:L9,-B6,-B5)｝（数组公式）

在"插入"选项卡中"图表"数据组中点击"折线图"，选择"二维折线图"中的

"带数据标记的折线图"，出现空白图标区。将光标置于空白图标区内，在"设计"选项卡的"数据"数据组中点击"选择数据"，弹出"选择数据源"窗体。点击"图表数据区域"，此时光标变成十字形，选择工作表中区域 A10：L10。点击"水平（分类）轴标签"中的"编辑"，出现"轴标签"窗体，在"轴标签区域"内选择区域 B9：L9，点击"确定"按钮。所有数据选择好后，在"选择数据源"窗体中点击"确定"按钮，一张图表便生成在当前的工作表中了。选中该图表，将之做拖动和拉动调整，存放在区域 A11：L25中。可根据个人喜好进行图表修饰。

（三）债券的收益率

1. 方法一：运用函数求解。

点击"债券的收益率"工作表，在相应单元格输入原始数据。

参考下表，利用相应公式或函数在单元格中进行计算。

单元格	公式或函数
B7：I7	$\{ = PV(B6:I6,B3, - B4 * B1, - B4)\}$（数组公式）
D8	$= (D6 - E6) * (B5 - E7)/(D7 - E7) + E6$

2. 方法二：运用单变量求解。

在单元格 E9 输入公式" $= PV(D9,B3,, - B4) + PV(D9,B3, - B4 * B1)$"，在"数据"选项卡上的"数据工具"组中，单击"假设分析"，然后单击"单变量求解"，出现"单变量求解"对话框。在"目标单元格"框中，输入 E9，在"目标值"框中，输入 1 106，在"可变单元格"框中，输入 D9，然后单击"确定"。

3. 方法三：运用规划求解方法求解。

（1）加载"规划求解"加载宏程序。

单击"Microsoft Office 按钮" ，单击"Excel 选项"，然后单击"加载项"类别。

在"管理"框中，单击"Excel 加载项"，然后单击"转到"。在"可用加载宏"框中，选中"规划求解加载项"复选框，然后单击"确定"。

（2）在单元格 E10 输入公式" $= PV(D10,B3,, - B4) + PV(D10,B3, - B4 * B1)$"，在"数据"选项卡上的"分析"组中，单击"规划求解"，出现"规划求解参数"对话框。在"设置目标单元格"框中，输入目标单元格的 E10。在"等于"选项中，选择"值"，然后在框中键入数值 1 106。在"可变单元格"框中，输入 D10，然后单击"求解"，再单击"确定"。

四、实训项目解决方案及分析

（一）债券估价基础模型

计算结果如下表：

	A	B	C	D	E	F
7	方法1：利用基本模型计算债券价格					
8	时间（年）	1	2	3	4	5
9	现金流（元）	100	100	100	100	1 100
10	现金流的现值（元）	89.29	79.72	71.18	63.55	624.17
11	债券价格（元）	927.90				
12	方法2：利用PV函数计算债券价格					
13	债券价格（元）	927.90				

根据上表计算结果可知企业债券的发行价格应为 927.90 元。

（二）债券估价动态模型

通过点击动态模型的滚动条可以观察到债券发行条件与债券价值之间的关系。当债券票面利率为 10%，年折现率为 8%，每年付息次数为 1 次，债券面值为 1 000 元，债券到期时间为 5 年时，债券价值为 1 079.85 元，其计算结果如下表：

	A	B	C	D	E	F	G	H	I	J	K	L
1	债券估价动态模型											
2	年票面利率	10%	‹　›									
3	年折现率	8%	‹　›									
4	每年付息次数（次）	1	‹　›									
5	面值（元）	1 000	‹　›									
7	每期利息（元）	100										
8	每期贴现率	8.00%										
9	到期时间（年）	10	9	8	7	6	5	4	3	2	1	0
10	计息期数（次）	10	9	8	7	6	5	4	3	2	1	0
11	债券价值（元）	1 134	1 125	1 115	1 104	1 092	1 080	1 066	1 052	1 036	1 019	1 000

债券估价图如下图：

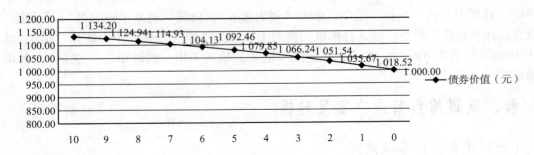

结果分析：通过调节滚动条可以发现，债券价值与折现率有密切关系。当折现率等于债券票面利率时，债券价值就是其面值。如果折现率高于债券票面利率时，债券的价值就低于面值。如果折现率低于债券票面利率时，债券的价值就高于面值。

债券价值不仅受折现率的影响，而且受债券到期时间的影响。在折现率一直保持不变的情况下，不管它高于或低于票面利率，债券价值随到期时间的缩短逐渐向债券面值靠近，至到期日债券价值等于债券面值。当折现率高于票面利率时，随着时间向到期日靠近，债券价值逐渐提高，最终等于债券面值；当折现率等于票面利率时，债券价值一直等于票面价值；当折现率低于票面利率时，随着时间向到期日靠近，债券价值逐渐下降，最终等于债券面值。

不同的利息支付频率也会对债券价值产生影响。当折现率高于票面利率时，每年的利息支付次数越多，债券价值越低；当折现率等于票面利率时，每年的利息支付次数不会影响债券价值；当折现率低于票面利率时，每年的利息支付次数越多，债券价值越高。

（三）债券的收益率

计算结果如下表所示：

	A	B	C	D	E	F	G	H	I
6	贴现率	8%	7%	6%	5%	4%	3%	2%	1%
7	债券价值	1 000	1 041	1 084	1 130	1 178	1 229	1 283	1 340
8	到期收益率	方法1：插值法	5.52%						
9		方法2：单变量求解	5.52%	1 106					
10		方法3：规划求解	5.52%	1 106					

任务二 股票估价

【案例引入】

佛山照明股票价值的估价

佛山照明是一家1993年上市的公司。公司的主营业务是生产和经营各种电光源产品及其配套灯具，主要产品有普通灯泡、装饰灯泡、碘钨灯、镍钨灯、单端灯、汽车灯、摩托车灯、高压汞灯、高压钠灯、金属卤化物灯、T8及T5细管径高效节能荧光灯和反光碗，以及主要与T8，T5节能灯配套的灯具等系列产品。佛山照明历年收益和分红情况如下表所示。

年份	每股收益（元）	分红方案	分红比例/%
1993	1.230	10 送 4 转 1 派 3	56.91
1994	1.260	10 派 8.1	
1995	0.921	10 派 6.8	73.83
1996	0.637	10 派 4.77	74.88
1997	0.486	10 派 4	82.30
1998	0.536	10 派 4.02	75.00

续表

年份	每股收益（元）	分红方案	分红比例/%
1999	0.574	10送1派3.5	78.13
2000	0.450	10派3.8	79.17
2001	0.484	10派4	53.33
2002	0.570	10派4.6	80.70
2003	0.630	10派4.6	73.00
2004	0.620	10派4.2	70.00
平均	71.78		

2004年公司10送4元（含税）。过去6年平均的10年期国债收益率为4.42%，过去6年两市综合指数平均股指收益率为9.82%，1997年以来公司股票的β系数为0.7562。

根据资料可估算佛山照明公司的股票价值。

【能力目标】

1. 能估算股票的价值。
2. 能计算股票的收益率。

【知识目标】

1. 掌握股票价值的估算方法。
2. 掌握股票收益率的计算方法。
3. 掌握数据组公式的输入方法。

【实训项目】

一、实训项目资料及要求

广州百泰2008年的权益净利率为21%，每股股利为6.18元，预计未来5年的权益净利率为19%、17%、15%、13%、11%。从第六年开始持续稳定在9%的水平。公司政策规定每年保留70%的收入，投资的必要报酬率为9%将其余的作为股息发放。

要求：估计该公司股票的价值。

二、实训项目知识链接

（一）股票估价的基本模型

股票的价值为未来股利的现值和，其计算公式为：

$$P_0 = \sum_{t=1}^{\infty} \frac{D_t}{(1+R_s)^t}$$

式中：D_t——第 t 年股利；

R_s——折现率，一般采用资本成本率或投资的必要报酬率；

t——折现期数。

（二）零增长股票的价值

如果未来股利不变，则计算公式为：

$$P_0 = \frac{D}{P}$$

（三）固定增长股票的价值

如果股利以 g 的增长率增长时，当 g 为常数，并且 $R_s > g$，则计算公式为：

$$P_0 = \frac{D_1}{R_s - g}$$

（四）非固定成长股票的价值

如果股利是不固定的，则要分段进行计算，才能确定股票的价值。

三、实训步骤

打开项目二中的"2-2 股票估价"工作簿，在相应单元格中输入原始数据。

$$g = \frac{(1 + 上年权益净利率 \times 留存收益率) \times 本年权益净利率}{上年权益净利率} - 1$$

当本年权益净利率与上年度相等时，$g =$ 权益净利率 $\times$ 留存收益

从第 7 年开始，公司每年的权益净利率都与上年相等，即股利增长率固定为常数，可用固定股利增长模型进行计算。

参考下表，利用相应公式或函数在单元格中进行计算。

单元格	公式或函数
C7：J7	{=（1＋B6：I6＊B3）＊C6：J6/B6：I6－1}（数组公式）
C8：I8	{=B8：H8＊（1＋C7：I7）}（数组公式）
C9：H9	{=PV（B2,C5：H5,,－C8：H8）}（数组公式）
H10	=I8/（B2－I7）
B11	=SUM（C9：H9）＋PV（B2,H5,,－H10）

采用数组公式输入方法，选中单元格区域 C7：J7，输入公式"＝（1＋B6：I6＊B3）＊C6：J6/B6：I6－1"，然后同时按"Ctrl＋Shift＋Enter"组合键，Excel 自动在公式的两边加上大括号 {}（以下数组公式输入方法相同）。

四、实训项目解决方案及分析

实训结果如下表所示：

	A	B	C	D	E	F	G	H	I	J
4			第一期					第二期		
5	期数	0	1	2	3	4	5	6	7	－∞
6	权益净利率	21%	19%	17%	15%	13%	11%	9%	9%	9%
7	股利增长率		3.78%	1.37%	－1.26%	－4.23%	－7.68%	－11.88%	6.30%	6.30%
8	每股股利	6.18	6.41	6.50	6.42	6.15	5.68	5.00	5.32	
9	每股股利的现值		5.88	5.47	4.96	4.36	3.69	2.98		
10	固定股利增长每股股票价值							196.88		
11	每股股票价值	144.73								

每股股票的价值为 144.73 元。

项目三 财务预测与全面预算

任务一 销售预测

【案例引入】

箭牌中国的销售预测

无论在哪一家超市，箭牌无一例外在交款台附近都摆设了旗下的多款口香糖，方便顾客的购买。在超市购物，人们可能会顺手拿起一包箭牌口香糖放进购物车。正是中国千万消费者这一简单的举动，曾让箭牌中国的销售预测人员倍感苦恼：如何准确地预测消费者的购买行为？如何灵活地调配公司的生产和供应以满足市场多变的需求？为此，箭牌中国积极寻求一个有效的销售预测工具来解决上述困境。在 IBM 专家的协助下，这家中国糖果市场排名第一的公司，通过对销售预测环节的优化和改进，尝到了全业务链条效率提升的"甜"头。

箭牌糖类有限公司是糖果业界公认的领导者之一，产销口香糖、薄荷糖、硬糖和软糖、棒棒糖等多样化产品。箭牌中国是中国最大的糖果公司，也是中国最大的口香糖制造商，拥有广泛的分销渠道和销售网络，超过 200 万个销售网点。2008 年 10 月，箭牌公司完成与玛氏公司的合并交易，成为玛氏公司的一个子公司。合并造就了世界上领先的糖果公司之一，同时也对箭牌中国提出了新的要求：为提高销售运营效率，箭牌中国原来 12 个周期的滚动销售预测要改为 13 个周期。

对箭牌中国庞大的营销体系而言，销售经营团队对销量的准确预测至关重要：通过销售预测，可以以销定产，避免产品积压增加经营成本；同时，减少销售黄金期因缺货而影响销售业绩的事情发生；另外，销售预测还可以调动销售人员的积极性，促使产品尽早实现销售。

由于种种原因，制约了销售预测的准确性，无法对业务运营效率带来实质性的改善和提升。如何扭转这种局面？箭牌中国高层认识到，必须利用新的销售预测工具和先进的业务流程管理，才能作出更准确的销售预测和分析。

箭牌中国开始寻找更智慧的销售预测解决方案，以满足总公司 13 个周期的滚动销售预测政策及提高销售预测准确性的强烈需求。

在为期 3 个月的项目实施阶段，IBM 专家与箭牌中国项目小组一起完成了原型设计、业务调研、应用系统平台软件设计与开发、用户培训、系统维护及后期保障等工作。IBM 业务分析与优化咨询服务的价值，赢得了箭牌中国管理层和业务人员的高度认可，项目收益已开始显现。

满足箭牌中国总部提出的 1 年 13 期滚动销售预测需求，并由管理员控制当期开放期段数。实现基于历史数据的数学模型提供系统预测值，快速提升销售预测准确度，帮助箭牌中国优化供应链和节省运营成本。

构建了一套完整、集成和易操作的销售预测管理平台和报表分析系统。通过标准的 Web 方式，所有的用户不需要安装客户端，即可在同一平台上进行实时协同操作和数据共享。由于在整个系统由管理员集中管理和维护，降低 IT 维护成本。值得一提的是，该平台与 Excel 系统无缝集成，最大限度增加系统的易用性，用户只需要掌握少量的操作方法就能在工作表中在线实时获取系统数据进行分析和制定报表。

重建标准化的销售预测审批流程。在新流程中，缩短箭牌中国的销售预测周期，提升预测效率。客户化的销售预测审批流程，满足箭牌灵活区域划分。值得一提的是，产品预测数据可以根据不同的产品、地区和渠道高效整合，实现对不同地区、产品以及渠道的用户权限控制。

总之，销售预测的业务与流程优化项目，让箭牌中国实现了以全球运营模式提升当地运营效率的目标。同时也让箭牌中国在变化莫测的市场面前，总能做出最"精准"的预测，不但降低了公司的运营成本，还增加了的营业收入，为提升全业务链条效率打好了坚实的基础。

【能力目标】

1. 能运用回归分析法进行销售预测。
2. 能使用有关统计函数以及查找和引用函数。

【知识目标】

1. 理解销售预测的回归分析法。
2. 掌握有关统计函数以及查找和引用函数的使用。

【实训项目】

一、实训项目资料及要求

广州百泰近 6 年销售的历史资料，如下表所示：

年份	2006	2007	2008	2009	2010	2011
销售量（万件）	1 000	1 200	2 000	2 600	2 800	3 000

要求：预测 2012～2017 年的销售量。

二、实训项目知识链接

财务预测的起点是销售预测。一般情况下，财务预测把销售预测视为已知数，作为财务预测的起点。销售预测本身不是财务管理的职能，但它是财务预测的基础。

　　销售预测是在对市场进行充分调查的基础上，根据市场供需情况的发展趋势，结合企业销售状况和生产能力等实际情况，对该项商品的销售量或销售额所做出的预计和推测。

　　最常用的销售预测方法有判断分析法、趋势外推分析法、因果预测分析法和产品寿命周期推断法等。趋势外推分析法在销售预测中的应用最为普遍，其具体应用形式包括平均法和时间序列回归法。

　　时间序列回归法是根据一段时期内销售量 Q 与时间 t 的函数关系，建立回归模型，以一元线性回归模型 $Q = a + bt$ 为例，据此进行预测的方法。式中 a，b 为参数。

　　与预测相关的有关函数介绍如下：

　　1. INTERCEPT（）函数。

　　功能：利用现有的 x 值与 y 值计算直线与 y 轴的截距。截距为穿过已知的 known_x's 和 known_y's 数据点的线性回归线与 y 轴的交点。当自变量为 0（零）时，使用 INTERCEPT 函数可以决定因变量的值。例如，当所有的数据点都是在室温或更高的温度下取得的，可以用 INTERCEPT 函数预测在 0°C 时金属的电阻。

　　语法：INTERCEPT(known_y's, known_x's)

　　2. SLOPE（）函数。

　　功能：返回根据 known_y's 和 known_x's 中的数据点拟合的线性回归直线的斜率。斜率为直线上任意两点的垂直距离与水平距离的比值，也就是回归直线的变化率。

　　语法：SLOPE(known_y's,known_x's)

　　3. FORECAST（）函数。

　　功能：根据已有的数值计算或预测未来值。此预测值为基于给定的 x 值推导出的 y 值。已知的数值为已有的 x 值和 y 值，再利用线性回归对新值进行预测。可以使用该函数对未来销售额、库存需求或消费趋势进行预测。

　　语法：FORECAST(x,known_y's,known_x's)

　　4. TREND（）函数。

　　功能：返回一条线性回归拟合线的值。即找到适合已知数组 known_y's 和 known_x's 的直线（用最小二乘法），并返回指定数组 new_x's 在直线上对应的 y 值。

　　语法：TREND(known_y's,known_x's,new_x's,const)

　　5. LINEST（）函数。

　　功能：直线的公式为：$y = mx + b$ 或 $y = m_1 x_1 + m_2 x_2 + \cdots + m_n x_n + b$，返回的数组为 $\{m_n, m_{n-1}, \cdots, m_1, b\}$，LINEST 函数还可返回附加回归统计值。

　　语法：LINEST(known_y's,[known_x's],[const],[stats])

　　const 可选。一个逻辑值，用于指定是否将常量 b 强制设为 0。

　　如果 const 为 TRUE 或被省略，b 将按通常方式计算。

　　如果 const 为 FALSE，b 将被设为 0，并同时调整 m 值使 $y = mx$。

　　stats 可选。一个逻辑值，用于指定是否返回附加回归统计值。

　　如果 stats 为 TRUE，则 LINEST 函数返回附加回归统计值，这时返回的数组为 $\{m_n, m_{n-1}, \cdots, m_1, b; se_n, se_{n-1}, \cdots, se_1, se_b; r^2, se_y; F, df; ssreg, ssresid\}$。

　　附加回归统计值如下表：

统计值	说明
se_n，se_{n-1}，$\cdots$，se_1	系数 m_n，m_{n-1}，$\cdots$，m_1 的标准误差值。
se_b	常量 b 的标准误差值（当 const 为 FALSE 时，se_b = #N/A）。
r^2	判定系数。y 的估计值与实际值之比，范围在 0 到 1 之间。如果为 1，则样本有很好的相关性，y 的估计值与实际值之间没有差别。相反，如果判定系数为 0，则回归公式不能用来预测 y 值。
se_y	Y 估计值的标准误差。
F	F 统计或 F 观察值。使用 F 统计可以判断因变量和自变量之间是否偶尔发生过可观察到的关系。
df	自由度。用于在统计表上查找 F 临界值。
ssreg	回归平方和。
ssresid	残差平方和。

附加回归统计值返回的顺序如下表：

	A	B	C	D	E	F
1	m_n	m_{n-1}	$\cdots$	m_2	m_1	b
2	se_n	se_{n-1}	$\cdots$	se_2	se_1	se_b
3	r^2	se_y				
4	F	df				
5	ssreg	ssresid				

这时需要用 INDEX 函数返回表格中的值。如果 stats 为 FALSE 或被省略，LINEST 函数只返回系数 m 和常量 b。

6. INDEX（）函数。

函数 INDEX 有两种形式：数组形式和引用形式。

数组形式的功能：返回表格或数组中的元素值。

语法：INDEX（array，row_num，column_num）

引用形式的功能：返回指定的行与列交叉处的单元格引用。

语法：INDEX（reference，row_num，column_num，area_num）

三、实训步骤

1. 打开项目三中的"3 – 1 销售预测"工作簿，并在相应工作表中输入原始数据。

2. 参考下表所示，利用相关函数在工作表中进行计算。

单元格	公式或函数
D11	= INTERCEPT（C3：C8，B3：B8）
D12	= SLOPE（C3：C8，B3：B8）
D15	= $D$11 + $D$12 * B15
E15	= FORECAST（B15，$C$3：$C$8，$B$3：$B$8）
H11	= INDEX（LINEST（C3：C8，B3：B8，，TRUE），1，2）
H12	= INDEX（LINEST（C3：C8，B3：B8，，TRUE），1，1）
H13	= INDEX（LINEST（C3：C8，B3：B8，，TRUE），3，1）
E15	= FORECAST（B15，$C$3：$C$8，$B$3：$B$8）

选中单元格 D15，将光标放在单元格 D15 的右下角，当光标变成十字时，向下拖动光标至 E20。

选中单元格 E15，将光标放在单元格 E15 的右下角，当光标变成十字时，向下拖动光标至 F20。

选中单元格区域 F15:F20，输入公式"= TREND(C3:C8,B3:B8,B15:B20)"，然后同时按"Ctrl + Shift + Enter"组合键。

选中单元格区域 H15:H20，输入公式"= H11 + H12 * H15:H20"，然后同时按"Ctrl + Shift + Enter"组合键。

四、实训项目解决方案及分析

实训结果如下表所示：

	A	B	C	D	E	F	G	H
10			intercept 和 slope 函数		forecast 函数	trend 函数		linest 函数
11			a	− 881 640			a	− 881 640
12			b	440			b	440
13							R	0.95
14		年份	销售量		销售量	销售量		销售量
15		2012	3 640		3 640	3 640		3 640
16		2013	4 080		4 080	4 080		4 080
17	公司销售预测情况	2014	4 520		4 520	4 520		4 520
17		2015	4 960		4 960	4 960		4 960
18		2016	5 400		5 400	5 400		5 400
19		2017	5 840		5 840	5 840		5 840

任务二　资金需要量预测

【案例引入】

农信社如何做好流动资金贷款需求量测算

对流动资金贷款进行需求测算是中国银监会发布的《流动资金贷款管理暂行办法》的核心指导思想。农信社应通过对流动资金贷款的合理测算，做到既有效满足企业正常经营对流动资金贷款的需求，同时又有效防止因超过实际需求发放贷款而导致贷款资金被挪用的情况发生，以此防控流动资金贷款风险和减少不必要的损失，要做好流动资金测算不但要理解计算公式的内涵，而且要深入企业进行全方位的调查摸底，深入了解企业的发展规划、市场前景、财务报表数据的真实性的基础上，才能准确测算流动资金贷款额度。

第一，调查企业发展规模，合理确定营运资金。

流动资金贷款需求量测算是基于借款人日常生产经营所需营运资金与现有流动资金的差

额（即流动资金缺口）确定。农信社估算借款人新增流动资金贷款额度的公式是：新增流动资金贷款额度＝所需营运资金量－借款人自有资金－现有流动资金贷款－其他渠道提供的营运资金，所需营运资金量＝上年度销售收入×（1－上年度销售利润率）×（1＋预计销售收入年增长率）÷营运资金周转次数。

从公式来看，假设借款人自有资金、现有流动资金贷款、其他渠道提供的营运资金和销售收入一定，则新增流动资金贷款额度与营运资金量呈正比关系，与营运资金周转次数呈反比关系，也就是说同一企业营运资金周转的速度越快（次数多），其所需的流动资金贷款就越少，反之，所需的流动资金贷款就越多。因此，如果一个企业的流动资产比较多，流动负债比较少，说明企业的短期偿债能力较强；反之，则说明短期偿债能力较弱。由于各企业受行业性质、经营规模、发展阶段等重要因素的影响，企业所需营运资金量会明显不同，这就需农信社切实搞好流动资金贷款调查工作，搜集不同行业、规模、发展阶段的有关数据，做好分析比较工作，合理确定流动资金贷款额度。

第二，预测企业销售前景，合理估算销售收入。

从以上公式来看，在利润率不变的情况下，企业销售收入的增加会导致企业营运资金增加，同时也可能引起流动贷款需求增加。但是企业销售收入的增加受多种因素制约，一是企业是否有相应的生产能力，机械设备、厂房等硬件设施；二是企业是否具有相应的技术人员及工人和销售人员，销售策略和市场营销能力是否能够满足销售增长需求；三是企业是否拥有相应的技术或专利等知识产权；四是企业是否拥有足够的资源，如原材料供应是否充足，是否有陈旧、损坏等减值现象发生；五是企业生产的产品是否能够满足人们日益增长的物质需求变化，是否符合国家政策法规等。因此，农信社要实地深入企业搞好调查，若有必要，向原材料供应商和产品销售市场了解情况，研究国家方针政策，估算企业的销售收入增长计划是否符合实际，准确估算企业销售收入的增长速度，从而确定营运资金需求量。

（案例来源：湖北省联社发展研究处）

【能力目标】

1. 能运用销售百分比法进行资金需求量的预测。
2. 能运用 EXCEL 的功能进行资金需求量预测的分析和财务状况分析。

【知识目标】

1. 理解资金需要量预测的销售百分比法。
2. 掌握 Excel 中公式的复制方法。
3. 进一步掌握有关滚动条的使用，了解不同销售额增长情况下的财务状况。
4. 掌握 Excel 画图的技巧，通过图示进行资金需要量预测的分析。

【实训项目】

一、实训项目资料及要求

广州百泰下属某一子公司——KK 公司 2011 年的销售额为 2 000 万元，净利率为 5%，股利发放率为30%，预测公司下年度销售额将增长20%，并假设公司固定资产使用已达到饱和状态，公司产生的额外资金需求全部通过负债调节。该公司2011年简化的资产负债表如下表所示：

资产			负债及所有者权益		
项目	金额		项目	金额	
现金	50		应付账款	400	
应收账款	600		短期借款	150	
固定资产	350		股东权益	450	
资产合计	1 000		负债及股东权益	1 000	

要求：

1. 根据上述资料预测 KK 公司 2012 年的外部融资需求并编制预测资产负债表。

2. 预测 KK 公司在不同销售额增长率下的财务状况。

3. 根据本任务资料预测 KK 公司在不同销售额增长率下的需追加的资金量，并画图反映结果。

二、实训项目知识链接

资金需要量预测是指对企业未来某一时期内的资金需要量进行科学的预计和判断，最常用的方法为销售百分比法。

销售百分比法是以未来销售收入变动的百分比为主要参数，考虑随销量变动的资产负债项目及其他因素对资金的影响，从而预测未来需要追加的外部资金量的一种定量分析方法。

其基本公式是：

$$M = \frac{A}{S_1} \times (S_1 - S_0) - \frac{L}{S_1} \times (S_1 - S_0) - D - R + M_1$$

式中：M——需要追加的资金量；

S_0——基期销售额；

S_1——计划期销售额；

A——随营业收入变动的资产项目（货币资金、应收账款、存货、已达饱和状态的固定资产等）基期数；

L——随营业收入变动的负债项目（应付账款、其他应付款、应付票据、应付税费等）基期数；

D——计划期提取的折旧额与同期用于更新改造的资金差额；

R——计划期净利润与预计发放的股利之差；

M_1——计划期零星资金需求。

三、实训步骤

1. 打开项目三中的"3 - 2 资金需要量预测"工作簿，并在相应单元格中输入原始数据。

2. 参考下表所示，利用相应公式或函数在单元格中进行计算。

单元格	公式或函数	单元格	公式或函数
C9	$= B9/\$B\$1$	F9	$= E9/\$B\$1$
C12	$= SUM(C9:C11)$	E12	$= SUM(F9:F11)$
D14	$= B1*(1+B4)$	B16	$= C12*B1*B4 - F9*B1*B4 - B1*(1+B4)*B2*(1-B3)$
B21	$= \$D\$14*C9$	D21	$= D14*F9$
D22	$= E10+B16$	D23	$= E11+D14*B2*(1-B3)$
B24	$= SUM(B21:B23)$	D24	$= SUM(D21:D23)$
C29	$= \$B\$1*(1+A29)$	D29	$= C29*\$C\$12$
E29	$= \$E\$11+C29*\$B\$2*(1-\$B\$3)$	F29	$= D29-E29$
G29	$= F29/D29$	C42	$= \$C\$12*\$B\$1*A42$
D42	$= \$F\$9*\$B\$1*A42$	E42	$= \$B\$1*(1+A42)*\$B\$2*(1-\$B\$3)$
F42	$= C42-D42-E42$		

3. 建立动态模型。

为单元格 A37 建立滚动条，放置于 B37 单元格。单击"开发工具/插入"，在"表单控件"中单击"滚动条（窗体控件）"，然后将光标（此时光标为十字）从单元格 B37 的左上角拖到右下角。

右击单元格 A37 的滚动条，然后单击小菜单上的"设置控件格式"，单击"控制"选项卡，在"单元格链接"的编辑框中输入 B37，点击"确定"按钮。

将单元格 A37 设定格式为百分比，然后输入公式" = B37/100"。这样就建立了"KK公司在不同销售额增长率下的财务状况"的动态模型。每单击一次滚动条两端的箭头，A37单元格中的数值就以 1% 的增（减）量变化。

用同样的方法建立"销售额增长率与额外资金需求的关系"的动态模型。

4. 复制单元格 C9 至单元格区域 C10:C11。

复制单元格 B21 至单元格区域 B22:B23。

复制单元格区域 C29:G29 至单元格区域 C30:G37。

复制单元格 C42:F42 至单元格区域 C43:F50。

同时 KK 公司在不同销售额增长率下的"预测销售额"、"预测资产"、"预测股东权益"、"预测负债"和"资产负债率"相应发生变化。

5. 画图反映"销售额增长率与额外资金需求的关系"。在"插入"选项卡中"图表"数据组中点击"折线图"，选择"二维折线图"中的"带数据标记的折线图"，出现空白图标区。将光标置于空白图标区内，在"设计"选项卡的"数据"数据组中点击"选择数据"，弹出"选择数据源"窗体。点击"图表数据区域"，此时光标变成十字形，选择工作表中单元格区域 C41:F49。点击"水平（分类）轴标签"中的"编辑"，出现"轴标签"窗体，在"轴标签区域"内选择单元格区域 A42:A49，点击"确定"按钮。所有数据选择好后，在"选择数据源"窗体中点击"确定"按钮，一张图表便生成在当前的工作表中了。选中该图表，将之做拖动和拉动调整，存放在单元格区域 A53:D66 中。可根据个人喜好进行图表修饰。

四、实训项目解决方案及分析

1. KK 公司敏感性项目的销售百分比计算结果如下表所示：

	A	B	C	D	E	F
6	KK 公司 2011 年资产负债表（简化）					
7	资产			负债及股东权益		
8	项目	金额	销售百分比	项目	金额	销售百分比
9	现金	50	2.50%	应付账款	400	20.00%
10	应收账款	600	30.00%	短期借款	150	/
11	固定资产	350	17.50%	股东权益	450	/
12	资产合计	1 000	50.00%	负债及股东权益	1 000	20.00%

2. 2012 年的外部融资需求为 36 万元，预测的资产负债表如下表所示：

	A	B	C	D
18	2012 年 KK 公司的资产负债表（简化）（万元）			
19	资产		负债及股东权益	
20	项目	金额	项目	金额
21	现金	60	应付账款	480
22	应收账款	720	短期借款	186
23	固定资产	420	股东权益	534
24	资产合计	1 200	负债及股东权益	1 200

3. KK 公司在不同销售额增长率下的财务状况如下表：

	A	B	C	D	E	F	G
27	KK 公司在不同销售额增长率下的财务状况						
28	增长率（%）		预测销售额	预测资产	预测股东权益	预测负债	资产负债率
29	0%		2 000	1 000	520.00	480.00	48.00%
30	5%		2 100	1 050	523.50	526.5	50.14%
31	10%		2 200	1 100	527.00	573.00	52.09%
32	15%		2 300	1 150	530.50	619.5	53.87%
33	20%		2 400	1 200	534.00	666.00	55.50%
34	25%		2 500	1 250	537.50	712.5	57.00%
35	30%		2 600	1 300	541.00	759.00	58.38%
36	35%		2 700	1 350	544.50	805.5	59.67%
37	88%		3 760	1 880	581.60	1 298.4	69.06%

4. KK 公司在不同销售额增长率下的需追加的资金量如下表所示：

	A	B	C	D	E	F
40			销售额增长率与额外资金需求的关系（万元）			
41	销售额增长率（%）		敏感性资产增量	敏感性负债增量	股东权益增量	额外资金需求量
42	0%		0	0	70.00	−70.00
43	5%		50	20	73.50	−43.50
44	10%		100	40	77.00	−17.00
45	15%		150	60	80.50	9.50
46	20%		200	80	84.00	36.00
47	25%		250	100	87.50	62.50
48	30%		300	120	91.00	89.00
49	35%		350	140	94.50	115.50
50	96%		960	384	137.20	438.80

图示结果见图 3−1。

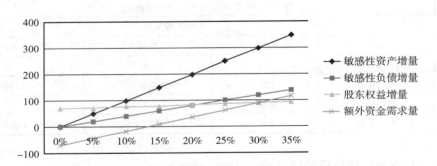

图 3−1　销售额增长率与额外资金需求量的关系（万元）

5. 实训分析

由上面的实训结果可以看出：

（1）当 KK 公司的销售额增长 20% 时，该公司必须对外增加短期借款 36 万元，举债后该公司的资产负债率将由原来的 55% 增加到 55.5%。

（2）当销售额增长率逐步提高时，公司的资产、负债、股东权益的预测值都出现递增的趋势，同时公司的资产负债率也逐渐上升。

（3）伴随销售额的增长，预测资产增加的速度将远远快于预测留存收益的增加速度。也就是说，当销售额增长更快时，公司必须投入更好的资产才能满足成长的需要。另外，这还意味着单靠销售额增长所赚取的留存收益并不足以满足资产的必要增加量，由此产生了外部资金需求。

（4）从图 3−1 中可以看出，外部融资需求随着销售额的增长而增长，当销售额增长率低于 13.21% 时，其外部融资需求为负，表示公司足够用增加的留存收益来购买所需的新增资产，而且多余部分可以偿还短期借款；而当销售额增长率大于 13.21% 之后，外部融资需求将大于 0 并不断扩大，此时公司若欲继续扩充市场，将需要借助于对外融资。

任务三 全面预算

【案例引入】

浙江移动的全面预算治理

在浙江移动，治理部门要定期提交一份非凡的"成绩单"，这份"成绩单"记载了主营业务收入、利润目标等，它就是以资金流量、成本费用控制为重点的全面预算责任报告书。这是近年来浙江移动在实施全面预算治理中推出的新举措。全面预算治理的作用是显而易见的，近年来，浙江移动业务收入和净利润逐年上升，资金使用效率明显提高，资产负债率则呈明显下降趋势。更为关键的是，全面预算治理培养了浙江移动员工的成本效益观念，养成了工作中对经济数据进行"平衡"思维的习惯，倡导"用数据说话"的公司文化。在浙江移动，全面预算治理就似乎一个秤的"准星"，它平衡着公司经营的重心，统揽了全面优质治理体系的全局，引导企业走向内涵式精细治理模式。

1. 用数据量化宏伟理想。

目前，浙江移动用户规模已经扩展到 1 300 万户左右。但浙江移动意识到，随着竞争格局发生变化，像前几年凭借经验型治理和运作的做法已经无法保持企业的可持续发展了，为此，近年来浙江移动致力于打造以"全面优质治理"为核心的战略治理体系，对企业外部环境、发展战略、业务发展规划、网络建设、投资效益等进行全方位的分析，实现由经验型治理向分析型治理的转变。在此基础上，浙江移动以战略目标为起点，建立了与企业实物流、资金流、信息流和人力资源流要求相一致的经营指标体系，推行了全面预算治理，它全面改变了企业成本效益的观念与方式，使企业从"定性治理"转向"定量治理"、从"事后核算"转向"年前控制"，结合企业自己的优势来规划企业发展，根据成本费用结构比率调整企业内部成本费用控制体系，调整治理决策，从而量化经营发展的宏伟理想。

2. 结合相关环节强化过程控制。

浙江移动认为，只有将预算治理与业务规划结合，与关键绩效指标体系挂钩，通过及时的滚动报告与滚动猜测，才能有效提升治理水平。为此，浙江移动将全面预算工作与公司全年的发展课题相结合，结合 PDCA 循环，通过一系列对治理制度和流程的改进，完善全面预算治理体系。年初时，浙江移动各部门根据全年的战略目标，确定业务、服务、网络等发展课题，同时依据发展课题及其关键措施，确定收入、成本等完整的预算指标，最终形成业务预算、资本投资预算、资金利润预算、薪酬福利预算和治理费用预算，从而进一步优化资源配置。浙江移动提出的预算规则是：战略规划是起点，保本、保利是基础，目标多元化是要点，量入为出、以收抵支是关键。同时，浙江移动在预算过程中引入了 PDCA 循环，建设了以发展课题为基础的"计划—预算—记录/分析—监控"闭环的预算治理体系。在预算编制过程中，一方面以发展课题为基础，另一方面引入预算招标法，由公司将全年总的经营目标预算及计分考核方法进行挂牌公布，各预算责任中心根据自身实际情况以及承担的课题情况进行竞投，从而使公司的现金流、盈利能力和成长能力三者达到平衡。依据 PDCA 循环法则，浙江移动设立多级预算控制体系，将各责任中心的一切收支纳入预算，加大考核力度，合理控制各项成本费用开支；通过预算执行情况分析，对公司业绩进行评价，并为公司下一阶段的经营猜测提供依据。在预算编制过程中，浙江移动坚持做到四个"结合"——结合经济发展环境、结合市场竞争形势、结合公司经营战略、结合统计分析数据；实现两个"零"——治理费用零增长和非生产性投资零增长；一个"匹配"——市场营销费用增长与输入增长相匹配；一个"控制"——网络费用支出的合理控制。

3. "全面全额全员"预算治理。

浙江移动认为，全面预算是一项涵盖企业的投资、经营和财务等所能涉及的所有方面的科学控制行为，具有"全面、全额、全员"的特征，它必须围绕市场中心渗透到企业治理的所有方面，以成本效益为核心统揽企业的全局。运营支出预算是全面预算工作的重点。浙江移动按照总量控制、切块安排、重点突出的原则，通过分析业务利润变化率趋势和客户积分计划的实施，适当调整营销费用及相关财务指标的预算，保证合理的用户保留成本和新增用户的发展成本，把资源重点配置到有利于公司增加收入的项目上来，做到了原则性与灵活性的统一。浙江移动强调，全面预算要从三项治理上下工夫。一要加强工程项目治理，把好三个关：立项审核关、投资预算控制关、项目验收关；二要加强物资资产治理，建立统一的库存物资治理体系，完成固定资产清账和处理工作，落实固定资产治理责任；三要加强欠费治理。在此基础上，通过 MIS 系统预算控制治理功能，实现预算工作的"系统化、扁平化、信息化、精细化"。

通过推行全面预算治理，推动市场、网络、投资、财务等治理流程的变革，浙江移动果断地从经验型治理的模式中跳出来。用数字分析说话、用数字分析决策、以服务市场为中心、以创造更大价值为目的，现已经成为浙江移动员工自觉自愿的行为。

【能力目标】

1. 能编制业务预算。
2. 能编制财务预算。

【知识目标】

1. 掌握业务预算的编制方法。
2. 掌握财务预算的编制方法。

【实训项目】

一、实训项目资料及要求

广州百泰一子公司——GG 公司目前只生产一种产品，该产品的市场售价为 60 元/件。该公司 2011 年末的资产、负债情况如下表所示。

GG 公司 2011 年末的简略式资产负债表　　　　　　　　　　单位：元

资产	期末数	负债及所有者权益	期末数
现金	20 000	应付账款	10 000
应收账款	40 000		
存货：原材料	4 000	实收资本	120 000
库存商品	9 000	未分配利润	25 000
固定资产原值	100 000		
减：累计折旧	18 000		
固定资产净值	820 000		
总计	155 000	总计	155 000

其他资料如下：

（1）根据销售部门预测下年度各季度的销售量分别是：2 000 件、3 000 件、4 000 件、3 000 件。该产品的现销比例为 60%，其余在下季收讫。

（2）产品 2011 年末存货量为 200 件，单位变动成本 45 元。每季度存货量分别为下季度预计销售量的 10%，2012 年年末存货量预计为 300 件。

（3）直接材料和直接人工的消耗定额及单价如下表所示：

项目	直接材料	直接人工
单位产品消耗定额	2Kg/件	5 小时/件
材料单价	5 元/Kg	
小时工资率		5 元/小时

（4）预计材料存货量及付款方式如下：2011 年末材料存货量 800Kg，预计 2012 年各季度库存量均为下季度生产耗用量的 20%，年末材料存货量预计为 1 000Kg。每季度购买材料只需支付 50% 现金，其余下季付清。

（5）当期工资全部当期支付。

（6）制造费用分成两个部分：2012 年全年变动性制造费用分配率为单位工时 2 元；每季度固定性制造费用为 10 000 元，其中固定资产折旧为 6 000 元，其余均为各季度均衡发生的付现成本。

（7）销售及管理费用全年合计为 40 000 元，其中，销售人员工资 4 000 元，广告费 10 000 元，包装运输费 6 000 元，保管费 5 000 元，管理人员薪金 7 000 元，福利费 2 000 元，保险费 1 500 元，办公费 4 500 元，均匀支出。

（8）其他现金支出预计如下：2012 年度每季度预缴所得税 5 000 元，预分股利 2 000 元；第四季度购置设备一台，价值 50 000 元，所得税税率为 25%。

（9）该企业最低现金余额要求保持在 20 000 元左右。各季度现金余缺可通过取得短期借款和交易性金融资产解决，短期借款以千元为单位，借款利率 12%，利息于还本时支付。

（10）第一季度向银行借款 5 000 元，第二季度向银行借款 1 000 元，第三季度偿还前两季度的短期借款 6 000 元，并支付利息，同时取得交易性金融资产 17 000 元，第四季度向银行借款 5 000 元。

要求：根据以上资料，做出该公司下年各季度的以下各项预算。

（1）销售预算。

（2）生产预算。

（3）直接材料预算。

（4）直接人工预算。

（5）制造费用预算。

（6）产品成本预算。

（7）销售及管理费用预算。

（8）现金预算。

（9）预计利润表。

（10）预计资产负债表。

二、实训项目知识链接

预算是计划工作的成果，它既是决策的具体化，又是控制生产经营活动的依据。

全面预算是按照"以销定产"的方式编制的由一系列预算构成的体系，各项预算之间相互联系，关系比较复杂。

全面预算按其涉及的预算期分为长期预算和短期预算。长期预算包括长期销售预算和资本支出预算，有时还包括长期资金筹措预算和研究与开发预算。短期预算是指年度预算，或者时间更短的季度或月度预算。

全面预算按其涉及的内容分为总预算和专门预算。总预算是指预计利润表、预计资产负债表和预计现金流量表，它们反映企业的总体状况，是各种专门预算的综合。专门预算是指其他反映企业某一方面经济活动的预算。

全面预算按其涉及的业务活动领域分为销售预算、生产预算和财务预算，前两个预算统称为业务预算，用于计划企业的基本经济业务。财务预算是关于资金筹措和使用的预算，包括短期的现金预算，以及长期的资本支出预算和长期资金筹措预算。

1. 销售预算。销售预算是用于规划预算期销售活动的一种业务预算，是编制全面预算的出发点，也是编制日常业务预算的基础。销售预算表上应包括两部分内容"其一是各个季度及全年的预计销售收入，可根据各个季度的销售量乘以预计销售单价计算；其二是附加的预计现金收支计算表，可根据各个季度全部销售额中赊销和现销的比例确定"。

2. 生产预算。生产预算是为规划预算期生产规模而编制的一种业务预算，其以销售预算为依据，结合期初期末存货水平进行编制。

预计生产量 = 预计销售量 + 预计期末存货量 - 预计期初存货量

3. 直接材料预算。直接材料预算是为规划预算期直接材料消耗情况及采购活动而编制的。该预算表应包括两部分内容：其一是全年及各季度各种材料消耗及采购总量及预计采购金额。

预计采购量 = 预计市场需要量 + 预计期末存料量 - 预计期初存料量

其二是附加的现金支出计算表，可根据每个季度预计采购金额中现金支付和赊购的比例分析计算。

4. 直接人工预算。直接人工预算是一种反映预算期内人工工时消耗水平并规划人工成本开支的业务预算。该预算应根据生产预算、工时单耗及小时工资率等有关资料编制。

5. 制造费用预算。制造费用预算是用于规划除直接材料、直接人工以外的其他一切生产费用的一种业务预算。应将全部制造费用分解成变动制造费用和固定制造费用两部分，还应附加预计的现金支出项目，即从各期的制造费用中剔除折旧费等不属于现金支出的项目，以便为编制现金预算提供依据。

6. 产品成本预算。产品成本预算是反映预算期内各种产品成本水平的一种业务预算，其主要内容是计算产品的单位变动成本和总生产成本。产品成本预算应以前述的各种业务预算为依据编制，还应附加期末存货成本和本期销货成本等有关信息，以便为编制财务预算提供依据。

7. 销售及管理费用预算。销售及管理费用预算是反映预算期内为推销商品和维持一般行政管理工作而发生的各项费用支出计划的一般预算。该预算表上还应附加现金支出项目，以便为编制财务预算提供依据。

8. 现金预算。现金预算是以日常业务预算和特种决策预算为基础所编制的反映现金收支情况的预算，其内容包括现金收入、现金支出、现金余缺以及现金融通等。

9. 预计财务报表。预计财务报表是指专门反映企业未来一定预算期内的预计财务状况和经营成果的报表的总称，包括预计利润表、预计资产负债表和预计现金流量表等，是在日常业务预算、特种决策预算和现金预算的基础上汇总编制而成的。实践中多数情况下只编制预计利润表和预计资产负债表，由于已经编制了现金预算，通常没有必要再编制预计现金流量表。

三、实训步骤

1. 打开项目三中的"3-3全面预算"工作簿，点击"销售预算"工作表，在相应单元格中输入原始数据。

参考下表，利用相应公式或函数在单元格中进行计算。

单元格	公式或函数	单元格	公式或函数
G4	=SUM(C4:F4)	C6:G6	{=C4:G4*C5:G5}（数组公式）
C8	=C6*60%	D8	=C6*40%
G8	=SUM(C8:F8)	D9	=D6*60%
E9	=D6*40%	E10	=E6*60%
F10	=E6*40%	F11	=F6*60%
C12	=SUM(C7:C11)		

复制单元格C12至单元格区域D12:G12。

复制单元格G8至单元格区域G9:G11。

2. 点击"生产预算"工作表，在单元格E5输入已知数据300。

参考下表，利用相应公式或函数在单元格中进行计算。

单元格	公式或函数	单元格	公式或函数
B4:F4	{=销售预算!C4:G4}（数组公式）	B5:D5	{=C4:E4*10%}（数组公式）
B6:F6	{=B4:F4+B5:F5}（数组公式）	C7:E7	{=C4:E4*10%}（数组公式）
B8:F8	{=B6:F6-B7:F7}（数组公式）	F5	=E5

3. 点击"直接材料采购预算"工作表，在相应单元格中输入原始数据。

参考下表，利用相应公式或函数在单元格中进行计算。

单元格	公式或函数	单元格	公式或函数
C4:G4	{=生产预算! B8:F8}（数组公式）	C6:G6	{=C4:G4*C5:G5}（数组公式）
C7:E7	{=D6:F6*20%}（数组公式）	C8:G8	{=C6:G6+C7:G7}（数组公式）
D9:F9	{=C7:E7}（数组公式）	C10:G10	{=C8:G8-C9:G9}（数组公式）
C12:G12	{=C10:G10*C11:G11}（数组公式）	C14	=C12*50%
D14	=C12*50%	D15	=D12*50%
E15	=D12*50%	E16	=E12*50%
F16	=E12*50%	F17	=F12*50%
G14	=SUM（C14:F14）	C18	=SUM（C13:C17）

复制单元格 G14，至 G15:G17

复制单元格 C18，至 D18:G18

4. 点击"直接人工预算"工作表，在相应单元格中输入原始数据。

参考下表，利用相应公式或函数在单元格中进行计算。

单元格	公式或函数	单元格	公式或函数
B4:F4	{=生产预算! B8:F8}（数组公式）	B6:F6	{=B4:F4*B5:F5}（数组公式）
B8:F8	{=B6:F6*B7:F7}（数组公式）		

5. 点击"制造费用预算"工作表，在相应单元格中输入原始数据。

参考下表，利用相应公式或函数在单元格中进行计算。

单元格	公式或函数	单元格	公式或函数
B4:F4	{=直接人工预算! B6:F6}（数组公式）	B6:F6	{=B4:F4*B5:F5}（数组公式）
B8:F8	{=B6:F6+B7:F7}（数组公式）	B10:F10	{=B8:F8-B9:F9}（数组公式）
F7	=SUM（B7:E7）	F9	=SUM（B9:E9）

6. 点击"产品成本预算"工作表，在相应单元格中输入原始数据。

参考下表，利用相应公式或函数在单元格中进行计算。

单元格	公式或函数
D5:D7	{=B5:B7*C5:C7}（数组公式）
E5:E7	{=生产预算! F8*产品成本预算! D5:D7}（数组公式）
F5:F7	{=生产预算! F5*产品成本预算! D5:D7}（数组公式）
G5:G7	{=销售预算! G4*产品成本预算! D5:D7}（数组公式）
D8:G8	{=D5:G5+D6:G6+D7:G7}（数组公式）

7. 点击"销售及管理费用预算"工作表，在相应单元格中输入原始数据。
参考下表，利用相应公式或函数在单元格中进行计算。

单元格	公式或函数	单元格	公式或函数
B9	= SUM (B5 : B8)	B15	= SUM (B11 : B14)
B16	= B9 + B15	B17	= B16/4

8. 点击"现金预算"工作表，在相应单元格中输入原始数据。
参考下表，利用相应公式或函数在单元格中进行计算。

单元格	公式或函数
C4 : E4	{ = B23 : D23 }（数组公式）
B5 : F5	{ = 销售预算！ C12 : G12 }（数组公式）
B6 : F6	{ = B4 : F4 + B5 : F5 }（数组公式）
B8 : F8	{ = 直接材料预算！ C18 : G18 }（数组公式）
B9 : F9	{ = 直接人工预算！ B8 : F8 }（数组公式）
B10 : F10	{ = 制造费用预算！ B10 : F10 }（数组公式）
B11 : E11	{ = 销售及管理费用预算！ B17 }（数组公式）
F11	= SUM (B11 : E11)
B15	= SUM (B8 : B14)
B16 : F16	{ = B6 : F6 − B15 : F15 }（数组公式）
F18	= SUM (B18 : E18)
D20	= − B18 * 12% * 3/4 − C18 * 12% * 2/4
B22	= SUM (B18 : B21)
B23 : F23	{ = B16 : F16 + B22 : F22 }（数组公式）

复制单元格 F11，至 F12 : F14。
复制单元格 F18，至 F19 : F21。
复制单元格 B15，至 C15 : F15。
复制单元格 B22，至 C22 : F22。

9. 点击"预计利润表"工作表，参考下表，利用相应公式或函数在单元格中进行计算。

单元格	公式或函数	单元格	公式或函数
B4	= 销售预算！ G6	B5	= 产品成本预算！ G8
B6	= 制造费用预算！ F7	B7	= 销售及管理费用预算！ B16
B8	= − 现金预算！ D20	B9	= B4 − B5 − B6 − B7 − B8
B10	= B9 * 25%	B11	= B9 − B10

10. 点击"预计资产负债表"工作表，在相应单元格中输入原始数据。参考下表，利用相应公式或函数在单元格中进行计算。

单元格	公式或函数
C4	= 现金预算！F23
C5	= 销售预算！F6 * 40%
C6	= 直接材料预算！G7 * 直接材料预算！G11
C7	= 产品成本预算！F8
C8	= - 现金预算！D21
C9	= SUM（C4：C8）
C10	= B10 + 现金预算！E13
C11	= B11 + 制造费用预算！F9
C12	= C10 - C11
C13	= C9 + C12
F4	= 现金预算！F18 + 现金预算！F19
F5	= 直接材料预算！F12 * 50%
F6	= 预计利润表！B10 - 现金预算！F12
F7	= SUM（F4：F6）
F10	= E10
F11	= E11 + 预计利润表！B11 - 现金预算！F14
F12	= SUM（F10：F11）
F13	= F7 + F12

四、实训项目解决方案及分析

1. 销售预算表的结果如下表所示：

	A	B	C	D	E	F	G
1					GG 公司销售预算表		
2				2012 年度		单位：元	
3		摘要	第一季度	第二季度	第三季度	第四季度	全年
4		预计销售数量（件）	2 000	3 000	4 000	3 000	12 000
5		销售单价（元）	60	60	60	60	60
6		预计销售金额	120 000	180 000	240 000	180 000	720 000
7	预计现金收入	期初应收账款	40 000	—	—	—	40 000
8		第一季度销售收入	72 000	48 000	—	—	120 000
9		第二季度销售收入	—	108 000	72 000	—	180 000
10		第三季度销售收入	—	—	144 000	96 000	240 000
11		第四季度销售收入	—	—	—	108 000	108 000
12		现金销售合计	112 000	156 000	216 000	204 000	688 000

2. 生产预算表的结果如下表所示：

	A	B	C	D	E	F
1			GG 公司生产预算表			
2			2012 年度	单位：元		
3	摘要	第一季度	第二季度	第三季度	第四季度	全年
4	预计销售量	2 000	3 000	4 000	3 000	12 000
5	加：预计期末存货量	300	400	300	300	300
6	预计需要量合计	2 300	3 400	4 300	3 300	12 300
7	减：期初存货量	200	300	400	300	200
8	预计生产量	2 100	3 100	3 900	3 000	12 100

3. 直接材料预算的结果如下表所示：

	A	B	C	D	E	F	G
1			GG 公司直接材料预算表				
2			2012 年度		单位：元		
3		摘要	第一季度	第二季度	第三季度	第四季度	全年
4		预计生产量（生产预算）（件）	2 100	3 100	3 900	3 000	12 100
5		单位产品耗材消耗定额（千克）	2	2	2	2	2
6		预计生产需要量（千克）	4 200	6 200	7 800	6 000	24 200
7		加：期末存料量（千克）	1 240	1 560	1 200	1 000	1 000
8		预计需要量合计（千克）	5 440	7 760	9 000	7 000	25 200
9		减：预计期初存料量（千克）	800	1 240	1 560	1 200	800
10		预计采购量（千克）	4 640	6 520	7 440	5 800	24 400
11		材料计划单价（元）	5	5	5	5	5
12		预计购料金额（元）	23 200	32 600	37 200	29 000	122 000
13		期初应付账款	10 000	—	—	—	10 000
14	预计	第一季度购料（元）	11 600	11 600	—	—	23 200
15	现金	第二季度购料（元）	—	16 300	16 300	—	32 600
16	支出	第三季度购料（元）	—	—	18 600	18 600	37 200
17	计算表	第四季度购料（元）	—	—	—	14 500	14 500
18		现金支出合计	21 600	27 900	34 900	33 100	117 500

4. 直接人工预算的结果如下表所示：

	A	B	C	D	E	F
1			GG 公司直接人工预算表			
2			2012 年度	单位：元		
3	摘要	第一季度	第二季度	第三季度	第四季度	全年
4	预计生产量（生产预算）	2 100	3 100	3 900	3 000	12 100
5	单位产品工时定额（工时）	5	5	5	5	5
6	直接人工小时总数（工时）	10 500	15 500	19 500	15 000	60 500
7	单位工时工资率（元）	5	5	5	5	5
8	预计直接人工成本总额（元）	52 500	77 500	97 500	75 000	302 500

5. 制造费用预算的结果如下表所示：

	A	B	C	D	E	F
1	GG 公司制造费用表					
2	2012 年度					
3	摘要	第一季度	第二季度	第三季度	第四季度	全年
4	直接人工总工时（小时）	10 500	15 500	19 500	15 000	60 500
5	费用分配率（元/小时）	2	2	2	2	2
6	变动制造费用（元）	21 000	31 000	39 000	30 000	121 000
7	固定制造费用（元）	10 000	10 000	10 000	10 000	40 000
8	制造费用合计（元）	31 000	41 000	49 000	40 000	161 000
9	减：折旧（元）	6 000	6 000	6 000	6 000	24 000
10	以现金支付的费用（元）	25 000	35 000	43 000	34 000	137 000

6. 产品成本预算的结果如下表所示：

	A	B	C	D	E	F	G
1	GG 公司产品成本预算表						
2	2012 年度						
3	成本项目	单位成本			产成本（元）	存货成本（元）	销货成本（元）
4		单位消耗	分配率	成本（元）			
5	直接材料（Kg）	2	5	10	121 000	3 000	120 000
6	直接人工（小时）	5	5	25	302 500	7 500	300 000
7	变动制造费用（小时）	5	2	10	121 000	3 000	120 000
8	合计（元）			45	544 500	13 500	540 000

7. 销售及管理费用预算的结果如下表所示：

	A	B
1	GG 公司销售及管理费用预算表	
2	2012 年度	
3	费用项目	金额
4	销售费用	
5	销售人员工资	4 000
6	广告费	10 000
7	包装运输费	6 000
8	保管费	5 000
9	销售费用合计	25 000
10	管理费用	
11	管理人员薪金	7 000
12	福利费	2 000
13	保险费	1 500
14	办公费	4 500
15	管理费用合计	15 000
16	销售及管理费用合计	40 000
17	每季度支付现金	10 000

8. 现金预算的结果如下表所示：

	A	B	C	D	E	F
1	GG 公司现金预算表					
2	2012 年度					
3	摘要	第一季度	第二季度	第三季度	第四季度	全年
4	期初现金余额	20 000	20 900	20 500	20 590	20 000
5	加：现金收入	112 000	156 000	216 000	204 000	688 000
6	可供使用现金合计	132 000	176 900	236 500	224 590	708 000
7	减：现金支出					
8	直接材料	21 600	27 900	34 900	33 100	117 500
9	直接人工	52 500	77 500	97 500	75 000	302 500
10	制造费用	25 000	35 000	43 000	34 000	137 000
11	销售及管理费用	10 000	10 000	10 000	10 000	40 000
12	所得税费用	5 000	5 000	5 000	5 000	20 000
13	购买设备				50 000	50 000
14	预分股利	2 000	2 000	2 000	2 000	8 000
15	现金支出合计	116 100	157 400	192 400	209 100	675 000
16	现金余缺	15 900	19 500	44 100	15 490	33 000
17	融通资金					
18	向银行借款（期初）	5 000	1 000		5 000	11 000
19	归还借款（期末）			− 6 000		− 6 000
20	支付利息（年利率12%）			− 510		− 510
21	交易性金融资产			− 17 000		− 17 000
22	现金融通合计	5 000	1 000	− 23 510	5 000	− 12 510
23	期末现金余额	20 900	20 500	20 590	20 490	20 490

9. 预计利润表的结果如下表所示：

	A	B
1	GG 公司利润预算	
2	2012 年度　　　单位：元	
3	项目	金额
4	销售收入	720 000
5	减：变动销售成本	540 000
6	固定制造费用	40 000
7	销售及管理费用	40 000
8	财务费用	510
9	利润总额	99 490
10	减：所得税费用	24 873
11	净利润	74 617

10. 预计资产负债表的结果如下表所示：

	A	B	C	D	E	F
1	GG 公司资产负债表					
2			2012 年	单位：元		
3	资产	年初数	期末数	负债及所有者权益	年初数	期末数
4	现金	20 000	20 490	短期借款		5 000
5	应收账款	40 000	72 000	应付账款	10 000	14 500
6	存货：原材料	4 000	5 000	未交税金		4 873
7	库存商品	9 000	13 500	负债合计	10 000	24 373
8	交易性金融资产		17 000			
9	流动资产合计	73 000	127 990			
10	固定资产原值	100 000	150 000	实收资本	120 000	120 000
11	减：累计折旧	18 000	42 000	未分配利润	25 000	91 618
12	固定资产净值	82 000	108 000	所有者权益合计	145 000	211 618
13	总计	155 000	235 990	总计	155 000	235 990

项目四　筹　　资

任务一　资本成本的计算

【案例引入】

电脑公司的筹资方案

某电脑公司为适应高科技市场发展的需求，急需筹集资金 400 万元以开发新的软件，满足电脑网络发展的要求。公司总经理李总责成财务部分拿出筹资方案，以供董事会研究讨论，作出决定。

财务处沈处长马上召开全体财务人员工作会议，要大家根据公司现有的资金结构状况进行讨论，制订出一套最佳的筹资方案。

资历较深的财务主管章会计师说："目前我国金融市场发展很快，企业筹资渠道很多，像发行股票、债券等，因此我们的选择余地很大，但我们要考虑的应该是哪种筹资方式最便宜，能够为我们企业节约资金。"

刚从大学毕业参加工作时间不长的小高接着说："章会计师说得对，哪种筹资方式最便宜，就是哪种筹资的资金成本最低，企业的资金结构最佳。在理论上，企业有其最佳的资金结构，许多著名的资金结构理论如美国著名的财务管理学家 Modiglianit 和 Miller 创建的 MM 理论，已证实这一点。我们可以理论联系实际，尽可能制订出多种筹资方案，然后比较各种方案的综合资金成本，成本低的方案肯定就是最好的。"

沈处长总结说："大家就按这样的思路先制订几套方案以供选择吧。"

于是大家根据企业目前的资金结构状况和对市场的分析预测情况提出了几套方案，并定出一套最佳方案提交给董事会研究讨论。

【能力目标】

1. 能计算个别资本成本和综合资本成本。
2. 能计算经营杠杆、财务杠杆和总杠杆系数且对财务风险进行分析。

【知识目标】

1. 掌握个别资本成本和综合资本成本的计算方法。
2. 掌握经营杠杆、财务杠杆和总杠杆系数的计算，并根据计算结果对财务风险进行分析。

【实训项目】

一、实训项目资料及要求

1. 广州百泰拟筹资 4 000 万元，其中按面值发行一批 5 年期的债券，债券总面值为 1 000 万元，票面利率为 8%，筹资费率为 4%，每年付息一次，到期一次还本；取得长期借款 500 万元，期限 5 年，年利率 6%，每年付息一次，到期一次还本，筹资费率为 0.5%；发行普通股 2 000 万元，每股 20 元，筹资费率 6%，预计第一年发放股利 1.2 元/股，以后每年股利以 5% 的比率稳定增长；此外，公司保留盈余 500 万元，所得税税率为 25%。

要求：计算广州百泰公司各项筹资的个别资本成本和综合资本成本。

2. 广州百泰拟于 2012 年新设一间子公司——HH 公司，该子公司的资本结构拟按以下三个方案执行：

公司名称	甲方案	乙方案	丙方案
资本总额（元）	4 000 000	4 000 000	4 000 000
普通股股本（元）	4 000 000	2 000 000	2 000 000
债务资本（元）	0	2 000 000	2 000 000
债务利率	0	10%	14%
普通股股数（股）	100 000	50 000	50 000

如果预计 2012 年 HH 公司的息税前利润为 480 000 元，所得税税率为 25%。要求：计算三个方案的普通股每股收益及 DFL，并进行筹资风险分析。

二、实训项目知识链接

1. 个别资本成本。

（1）债券资本成本。

在不考虑资金时间价值的条件下，债券的税后资本成本计算公式如下：

$$K_d = \frac{I_d \times (1-T)}{P(1-f_d)} = \frac{M \times i \times (1-T)}{P(1-f_d)}$$

式中：K_d——债券的资本成本；

I_d——债券的年利息；

M——债券的面值；

i——债券的票面年利率；

f_d——债券的筹资费率；

T——所得税税率；

P——债券的筹资额。

（2）长期借款成本。

计算公式为：

$$K_l = \frac{I_l \times (1-T)}{L(1-f_l)}$$

式中：K_1——长期借款的资本成本；

I_1——长期借款的年利息；

f_1——长期借款的筹资费率；

L——长期借款本金。

（3）留存收益成本。

留存收益的资本成本计算有三种方法：股利增长模型法、资本资产定价模型法和风险溢价法。

股利增长模型法的计算公式如下：

$$K_s = \frac{D_1}{P_0} + G$$

式中：K_s——留存收益的资本成本；

D_1——预期年股利额；

P_0——普通股市价；

G——普通股利年增长额。

资本资产定价模型法的计算公式如下：

$$K_s = R_s = R_f + \beta(R_m - R_f)$$

式中：R_f——无风险报酬率；

β——股票的贝塔系数；

R_m——平均风险股票必要报酬率。

风险溢价法的计算公式如下：

$$K_s = K_s + RP_c$$

式中：RP_c——股东比债权人承担更大风险所要求的风险溢价

（4）普通股成本。

普通股和留存收益都是企业的所有者权益，它们的资本成本统称为"权益资本"，其资本成本可以按照前述留存收益成本的三种方法进行计算，其中股利增长模型法若将普通股的筹资费用考虑在内，计算公式如下：

$$K_{nc} = \frac{D_1}{P_0(1 - f_{nc})} + G$$

式中：K_{nc}——普通股的资本成本；

f_{nc}——普通股的筹资费率。

2. 综合资本成本。

综合资本成本一般可通过个别资本占全部资本的比重为权数，对个别资本成本进行加权平均计算得到，因此又可称为加权平均资本成本，计算公式如下：

$$K_w = \sum_{i=1}^{n} W_i K_i \quad \text{其中} \sum_{i=1}^{n} W_i = 1$$

式中：K_w——加权平均资本成本；

W_i——第 i 种资本占全部资本的权重；

K_i——第 i 种资本的成本；

n——资本的种数。

3. 经营杠杆。

经营杠杆是指企业运用固定经营成本对营业利润产生的影响，成本结构中固定成本的高低决定了营业利润对销售变动的敏感性大小，其作用程度可用经营杠杆系数来表示，计算公式如下：

$$DOL = \frac{\Delta EBIT/EBIT}{\Delta Q/Q} = \frac{Q(p-v)}{Q(p-v)-F} = \frac{S-VC}{S-VC-F} = \frac{EBIT+F}{EBIT}$$

式中：DOL——经营杠杆系数；

$EBIT$——息税前利润；

Q——销售量；

p——单价；

v——单位变动成本；

F——固定成本；

S——销售额；

VC——总变动成本。

4. 财务杠杆。

财务杠杆是指企业对固定融资成本的利用程度，其作用程度大小可用财务杠杆系数来衡量，它反映了普通股每股利润对息税前利润变动的敏感程度，计算公式如下：

$$DFL = \frac{\Delta EPS/EPS}{\Delta EBIT/EBIT} = \frac{EBIT}{EBIT - I - D_p/(1-T)}$$

式中：DFL——财务杠杆系数；

EPS——普通股每股利润；

I——债务利息；

D_p——优先股股息；

T——所得税税率。

5. 总杠杆。

一般情况下，企业会同时存在经营杠杆和财务杠杆，这两种杠杆的共同作用就形成了总杠杆作用，它反映了普通股每股利润变动对销售变动的敏感程度，总杠杆作用程度的大小可通过总杠杆系数来表示，计算公式如下：

$$DTL = \frac{\Delta EPS/EPS}{\Delta Q/Q} = DOL \cdot DFL = \frac{EBIT+F}{EBIT - I - D_p/(1-T)}$$

式中：DTL——总杠杆系数。其他符号含义同前。

三、实训步骤

1. 打开项目四中的"4-1 资本成本的计算"工作簿，点击"资本成本"工作表，在相应单元格输入原始数据，在工作表中输入相关公式和函数进行计算，如下表所示：

单元格	公式或函数	单元格	公式或函数
B11	= B4 * (1 - B10)/(1 - B9)	C11	= C4 * (1 - C10)/(1 - C9)
D11	= D7/(D6 * (1 - D9)) + D8	E11	= D7/D6 + D8
B13:E13	{ = B3:E3/B12}（数组公式）	B14	= B11 * B13 + C11 * C13 + D11 * D13 + E11 * E13

2. 点击"DFL"工作表，在相应单元格输入原始数据，在工作表中输入相关公式和函数进行计算，如下表所示：

单元格	公式或函数	单元格	公式或函数
B10:D10	{=B5:D5*B6:D6}（数组公式）	B11:D11	=B8:D8－B10:D10
B12:D12	=B11:D11*25%	B13:D13	=B11:D11－B12:D12
B14:D14	=B13:D13/B7:D7	B15:D15	=B8:D8/B11:D11
B16:D16	=B8:D8/B3:D3	B17:D17	=B13:D13/B4:D4

四、实训项目解决方案及分析

1. 计算结果如下表所示：

	A	B	C	D	E
1		个别资金成本及综合资金成本			
2	筹资种类	长期债券	长期借款	普通股	留存收益
3	筹资金额（万元）	1 000	500	2 000	500
4	利率	8%	6%	—	—
5	期限（年）	5	5	—	—
6	股票发行价（元/股）			20	
7	股利	—	—	1.20	
8	年增长率	—	—	5%	
9	筹资费率	4.00%	0.50%	6.00%	—
10	所得税率	25%	25%	—	—
11	个别资金成本	6.25%	4.52%	11.38%	11.00%
12	筹资总额（万元）	4 000			
13	个别资本成本所占比重	25.00%	12.50%	50.00%	12.50%
14	综合资本成本	9.19%	—	—	—

2. 计算结果如下表所示：

	A	B	C	D
2	方案名称	甲方案	乙方案	丙方案
10	债务利息（元）	0	200 000	280 000
11	税前利润（元）	480 000	280 000	200 000
12	所得税（元）	120 000	70 000	50 000
13	净利润（元）	360 000	210 000	150 000
14	普通股每股利润（元/股）	3.6	4.2	3
15	DFL	1	1.71	2.4
16	总资产报酬率（%）	12.00%	12.00%	12.00%
17	净资产收益率（%）	9.00%	10.50%	7.50%

结果分析：

（1）乙方案总资本中有50%的债务，债务利息比甲方案增加20万元，使得乙方案的普通股每股利润比无债的甲方案提高0.6元/股，净资产收益率也比甲方案升高1.5%，这是因为乙方案的总资产报酬率12%大于债务的利息率10%，因此，通过借债产生了正的财务杠杆作用，使得普通股股东享受到了一定的利益，但同时，乙方案的财务杠杆系数也比甲方案高，所以乙方案的财务风险也较大。

（2）丙方案总资本中也有50%的债务，债务利息比甲方案增加280 000万元，但丙方案的普通股每股利润却比甲方案减少0.6元/股，净资产收益率也比甲方案降低1.5%，这是因为丙方案的借款利率14%高于其总资产报酬率12%。因此，通过借债产生了负的财务杠杆作用，使股东遭受了损失。

（3）丙方案与乙方案相比，由于债务利息的增加，导致财务杠杆系数增大，其财务风险也相应增大。

由此可见，当企业的总资产报酬率大于债务利息率时，借债能产生正的财务杠杆作用，使股东有可能享受到一定的好处，反之，当企业的总资产报酬率低于债务利率时，借债会产生负的财务杠杆，有损股东利益。无论何种情况，借债都会使财务杠杆作用升高，财务风险增大，且债务利息越多，财务杠杆作用越大，财务风险也越大。

任务二   筹 资 管 理

【案例引入】

青岛啤酒股份有限公司的筹资策略

企业经营的根本目的在于盈利，但企业若没有资本投入是难以实现盈利的，因此筹资对于任何企业来说都是决定其生存和发展的重要问题，而筹资又有代价，不同的融资方式，企业付出的代价也有所不同。就中国上市公司筹资现状而言，股权筹资是其主要融资方式，上市公司的资产负债率普通较低。

目前中国上市公司仍将配股作为主要的融资手段，进而又将增发新股作为筹资的重要手段，这与发达国家"内源融资优先，债务融资次之，股权融资最后"的融资顺序大相径庭。其原因主要在于中国上市公司股利发放率低，股票发行成本低廉，与境外市场高昂的发行成本相比，在与市盈率相适应的条件下，境外市场的筹资成本大概是A股市场的5～6倍，A股市场融资效率较高。与此同时，对上市公司经营者没有形成有效的激励和约束机制，上市公司成了大股东"圈钱"的提款机。而金融监管力度的日趋加强和银行信贷终身负责制度的实施，使得银行极为惜贷，从而使得企业获取长期贷款比较困难，并且贷款利率相对较高。经营者对负债融资到期还本付息这种硬性约束也感到有极大的压力，因而不愿意冒险进行负债融资，致使上市公司争相增发新股，成为除配股之外的又一主要的筹资渠道。

然而就在此经济环境之下，青岛啤酒股份有限公司突破陈规、勇于创新、创造性地采取了增发与回购捆绑式操作的筹资策略。

2001 年 2 月 5～20 日，青岛啤酒公司上网定价增发社会公众公司普通 A 股 1 亿股，每股 7.87 元，筹集资金净额为 7.59 亿元。筹额效率较高，其筹资主要投向收购部分异地中外合资啤酒生产企业的外方投资者权，以及对公司全资厂和控股子公司实施技术改造等，由此可以大大提高公司的盈利能力。2001 年 6 月，青岛啤酒股份公司召开股东大会，作出了关于授权公司董事分于公司下次年会前最多可购回公司发行在外的境外上市外资股 10% 的特别决议。公司董事会计划回购 H 股股份的 10%，即 3 468.5 万股，虽然这样做将会导致公司注册资本的减少，但是当时 H 股股价接近于每股净资产值，若按每股净资产值 2.36 元计算，两地市场存在明显套利空间，仅仅花去了 8 185.66 万元，却可以缩减股本比例 3.46%，而且可以在原来预测的基础上增加每股盈利。把这与公司 2 月 5 日至 20 日增发的 1 亿股 A 股事件联系起来分析，可以看出，回购 H 股和增发 A 股进行捆绑式操作，是公司的一种筹资策略组合，这样股本扩张的"一增一缩"，使得青岛啤酒股份公司的股本仅扩大约 3.43%，但募集资金却增加了将近 7 亿元，其融资效果十分明显，这种捆绑式筹资策略值得关注。

上述筹资策略，将给上市公司带来显著的财务效果，一方面使上市公司取得了生产经营及扩张规模所必需的资金。上市公司股权融资具有筹资最大、财务风险小、筹集资金质量高等优点，通过上述筹资组合策略，在市盈率较高的资本市场上发行股票，公司既可以筹集大量资金，又没有增加公司的分红压力，可以说是一举两得；另一方面也能调整公司的股权结构。中国上市公司股权结构设计极不合理，非流通股份占绝对控制地位，通过增发社会公众股和回购非流通股，可以大大降低国有股东的持股比例，可以满足国家对绝对控制和相对控制企业的目的，有利于建立健全完善的公司治理结构。同时还可以提高公司的融资效率；提高公司每股的收益并提升了公司的市场价值，有利于实现企业价值最大化；优化财务杠杆，提高了企业竞争能力，增大了其他公司收购的成本。从纳税的角度考虑，股利应征收 20% 的个人所得税，而资本所得税的税率远低于股利所得税率，将股份回购看做是一种替代现金股利的股利分配形式，无疑也会受到投资者的青睐。

【能力目标】

1. 能计算贷款的每年偿还额、偿还的利息和本金。
2. 能比较筹资方式的优缺点并进行决策。

【知识目标】

1. 掌握各种筹资方式的优缺点。
2. 掌握利用函数计算贷款的每年偿还额、偿还的利息和本金。
3. 利用 Excel 函数进行筹资方式决策分析。

【实训项目】

一、实训项目资料及要求

（一）长期借款筹资

广州百泰向银行取得一笔 10 年的长期借款 600 000 元，银行贷款的年利率为 8%，银行提供偿还方式有等额本金法和等额偿还法。

要求：计算两种偿还方式下的每年偿还额是多少？其中多少用来偿还利息和本金？

（二）租赁筹资

广州百泰拟从一租赁公司租入一套设备，租金为100万元，双方约定租期为10年，租金可采用期初或期末支付方式，每年支付租金的次数可选择按年支付、按半年支付、按季支付、按月支付或按半月支付，租金年利率为10%。

要求：建立租赁筹资分析模型按等额年金法计算每期应支付租金。

（三）筹资方式比较选择分析

广州百泰准备购置一台设备，需200万元，使用年限10年，直线法折旧，报废后无残值，所得税税率为25%，企业面临两种选择：

1. 向银行取得200万元借款，借款利率8%，10年内以等额偿还方式偿付，10年后报废。

2. 向租赁公司租赁，租金200万元，分10年支付，租金年利率为9%，租金在每年年末等额支付，出租人维修设备，而企业不支付附加费用。

要求：当税前折现率为6%时，通过对两种筹资方式的计算，对两种方案进行比较分析。

二、实训项目知识链接

（一）长期借款筹资

长期借款包括向银行等金融机构借入现汇，接受金融机构或民间组织的贷款。由于长期借款金额大、期限长，企业在长期借款筹资中，不仅要考虑国家政策、经济环境等因素，还应对还款预先安排。常见的借款偿还方式有：

1. 等额利息法：指每期期末按借款利率偿还固定的利息，到期一次还本的方法。每期偿还的利息均等于贷款本金乘以期利率，而贷款期内的利息总额等于贷款本金乘以期利率再乘以总期数。

2. 等额本金法：指借款人在借款期内每期偿还固定的本金及相应利息的方法。在这种还款方式下，每期偿还本金的数额相等，每期支付利息的数额随着期末剩余本金余额的减少而逐期减少。

3. 等额偿还法：指借款人每期偿还相等数额的款项，到期满时恰好将本金和利息全部偿还完毕的还款方法。在等额摊还法下，每期等额偿还的款项中包括利息和本金两部分，随着本金的不断偿还，各期支付的利息数额是逐期减少的，而各期偿还的本金数额则是逐期增加的。等额摊还法在实践中是一种比较常见的还本付息方式。

4. 一次偿还法：指借款人在贷款到期时一次性偿还本金和利息的还款方法。期末一次偿还额等于按贷款本金和贷款利率计算的复利终值。

（二）租赁筹资

租赁的基本特征是承租人向出租人承诺提供一系列的现金支付，租赁费用的经济内容包括出租人的全部出租成本和利润。租金的支付形式有先付和后付两种方式，每期应付租金的方法有很多，最常见的方法是平均分摊法和等额年金法。

我国税法区分"经营租赁"和"融资租赁"，对于经营租赁，其支付的租金可以抵税，而融资租赁作为分期付款购买处理，租金不可以抵税，但租入的固定资产应按规定提取折旧，折旧具有抵税作用。

（三）有关函数

1. PPMT（ ）函数。

功能：基于固定利率及等额分期付款方式，返回投资在某一给定期间内的本金偿还额。

语法：PPMT（rate,per,nper,pv,fv,type）

2. IPMT（ ）函数。

功能：基于固定利率及等额分期付款方式，返回给定期数内对投资的利息偿还额。

语法：IPMT（rate,per,nper,pv,fv,type）

三、实训步骤

（一）长期借款筹资

打开项目四中的"4-2筹资管理"工作簿，点击"长期借款筹资"工作表，在相应单元格中输入原始数据。

参考下表，利用相应公式或函数在单元格中进行计算。

单元格	公式或函数
E8	= B2
B9：B18	{ = D9：D18 + C9：C18 }（数组公式）
C9：C18	{ = E8：E17 * B4 }（数组公式）
D9：D18	{ = B2/B3 }（数组公式）
E9：E18	{ = E8：E17 − D9：D18 }（数组公式）
B19	= SUM（B9：B18）
E23	= B2
B24：B33	{ = PMT（B4,B3,− B2）}（数组公式）
C24：C33	{ = IPMT（B4,A24：A33,B3,− B2）} 或 { = E23：E32 * B4 }（数组公式）
D24：D33	{ = PPMT（B4,A24：A33,B3,− B2）} 或 { = B24：B33 − C24：C33 }（数组公式）
E24：E33	{ = E23：E32 − D24：D33 }（数组公式）
B34	= SUM（B24：B33）

将单元格 B19 的公式复制到单元格 C19 和 D19。

将单元格 B34 的公式复制到单元格 C34 和 D34。

（二）租赁筹资

点击"租赁筹资"工作表，在单元格 B2，B5 和 B6 中输入原始数据。

在单元格 D2:D3 中分别填入"期初支付"和"期末支付",在单元格 E2:E6 中分别填入"按年支付"、"按半年支付"、"按季支付"、"按月支付"和"按半月支付"。

建立"租金支付方式"的组合框控件:单击"开发工具"栏,在"插入"下拉菜单中选择"表单控件"中的"组合框(窗体控件)",当光标变成"十"字,从单元格 B3 的左上角拖到右下角。按同样方法在单元格 B4 建立"租金支付次数"的组合框控件。

右击单元格 B3 的组合框,然后单击小菜单上的"设置控件格式"。单击"控制"选项卡,在"数据源区域"的编辑框中输入"D2:D3",在"单元格链接"的编辑框中输入"B3",表示组合框控件当前被选中项目按项目内部编号返回"1"表示"期初支付","2"表示"期末支付"。右击单元格 B4 的组合框,然后单击小菜单上的"设置控件格式"。单击"控制"选项卡,在"数据源区域"的编辑框中输入"E2:E6",在"单元格链接"的编辑框中输入"B4",表示组合框控件当前被选中项目按项目内部编号返回"1"表示"按年支付"、"2"表示"按半年支付"、"3"表示"按季支付"、"4"表示"按月支付"和"5"表示"按半月支付"。

在单元格 B7 输入公式:" $= IF(B4=1,1,IF(B4=2,2,IF(B4=3,4,IF(B4=4,12,IF(B4=5,24,365)))))$ "。

在单元格 B8 输入公式:" $= B6*B7$ "。

在单元格 B9 输入公式:" $= PMT(B5/B7,B8,-B2,,IF(B3=1,1,0))$ "。

这样就建立起"租赁筹资分析模型"。通过选择单元格 B3 和 B4 的组合框控件中的不同租金支付方式和租金支付次数,就可以分析计算出企业每期应付租金的多少。

为防止误操作对单元格区域"D2:D3"和"E2:E6"中数据的改动,可以将 D 列和 E 列隐藏起来。选定 D 列和 E 列,点击右键,在小菜单中选择"隐藏"命令,则 D 列和 E 列就被隐藏起来。若要再显示 D 列和 E 列,可以选择"取消隐藏"命令即可。

(三)筹资方式比较选择分析

点击"筹资方式比较选择分析"工作表,在相应单元格输入原始数据。

参考下表,利用相应公式或函数在单元格中进行计算。

单元格	公式或函数
B10:B19	$\{ = PMT(B3,B4,-B2)\}$(数组公式)
C10:C19	$\{ = B10:B19*B5\}$(数组公式)
D10:D19	$\{ = B10:B19-C10:C19\}$(数组公式)
E10:E19	$\{ = PV(B6*(1-B5),A10:A19,,-D10:D19)\}$(数组公式)
B20	$= SUM(B10:B19)$
B24:B33	$\{ = PMT(E3,E4,-E2)\}$(数组公式)
C24:C33	$\{ = PPMT(E3,A24:A33,E4,-E2)\}$(数组公式)
D24:D33	$\{ = IPMT(E3,A24:A33,E4,-E2)\}$(数组公式)
E24:E33	$\{ = SLN(B2,,E4)\}$(数组公式)
F24:F33	$\{ = (D24:D33+E24:E33)*E5\}$(数组公式)
G24:G33	$\{ = B24:B33-F24:F33\}$(数组公式)
H24:H33	$\{ = PV(E6*(1-E5),A24:A33,,-G24:G33)\}$(数组公式)
B34	$= SUM(B24:B33)$

将单元格 B20 的公式复制到单元格 C20:E20。

将单元格 B34 的公式复制到单元格 C34:H34。

四、实训项目解决方案及分析

（一）长期借款筹资

计算结果如下表所示：

	A	B	C	D	E
6	长期借款还本付息计算表（等额本金法）				
7	年	年偿还额	支付利息	偿还本金	剩余本金
8	0				600 000
9	1	108 000.00	48 000.00	60 000.00	540 000.00
10	2	103 200.00	43 200.00	60 000.00	480 000.00
11	3	98 400.00	38 400.00	60 000.00	420 000.00
12	4	93 600.00	33 600.00	60 000.00	360 000.00
13	5	88 800.00	28 800.00	60 000.00	300 000.00
14	6	84 000.00	24 000.00	60 000.00	240 000.00
15	7	79 200.00	19 200.00	60 000.00	180 000.00
16	8	74 400.00	14 400.00	60 000.00	120 000.00
17	9	69 600.00	9 600.00	60 000.00	60 000.00
18	10	64 800.00	4 800.00	60 000.00	0.00
19	合计	864 000.00	264 000.00	600 000.00	
20					
21	长期借款还本付息计算表（等额偿还法）				
22	年	年偿还额	支付利息	偿还本金	剩余本金
23	0				600 000
24	1	89 417.69	48 000.00	41 417.69	558 582.31
25	2	89 417.69	44 686.58	44 731.11	513 851.20
26	3	89 417.69	41 108.10	48 309.60	465 541.60
27	4	89 417.69	37 243.33	52 174.37	413 367.24
28	5	89 417.69	33 069.38	56 348.31	357 018.92
29	6	89 417.69	28 561.51	60 856.18	296 162.74
30	7	89 417.69	23 693.02	65 724.67	230 438.07
31	8	89 417.69	18 435.05	70 982.65	159 455.42
32	9	89 417.69	12 756.43	76 661.26	82 794.16
33	10	89 417.69	6 623.53	82 794.16	0.00
34	合计	894 176.93	294 176.93	600 000.00	

结果分析：采用等额本金法每年偿还的本金相等，均为 60 000 元。前几年的年偿还额大于等额偿还法前几年的年偿还额，每年的偿还额逐年下降，之后几年偿还额小于等额偿还

额下的偿还额。10 年的总还款额为 864 000 元，小于等额偿还法 10 年的总还款额 894 176.93 元。

采用等额偿还额的年偿还额每年相等，均为 89 417.69，前几年的年偿还额中大部分用于偿还利息，之后几年则主要用于偿还本金。前几年的偿还本金数小于等额本金法下的偿还本金数，每年偿还的本金数逐年增加，之后几年高于等额本金法下的偿还本金数。10 年的总利息支付额为 294 176.93 高于等额本金法的总利息支付额 264 000 元。两种方法 10 年的偿还本金总数均为 600 000 元。

（二）租赁筹资

当公司选择租金支付方式为"期末支付"，租金支付次数为"按年支付"时，计算结果如下所示：

租赁筹资分析模型	
租金（万元）	100
租金支付方式	期末支付 ▼
租金支付次数	按年支付 ▼
租赁年利率	10%
租赁年限（年）	10
每年付款次数（次）	1
总付款次数（次）	10
每期应付租金（万元）	￥16.2745

根据计算结果，公司每年要支付一次租金，每期应付租金 16.2745 万元，共支付 10 次。

（三）筹资方式比较选择分析

计算结果如下表所示：

	A	B	C	D	E	F	G	H
8		租赁摊销分析计算表						
9	年	租金支付	税款节约额	租赁净现金流量	现值			
10	1	311 640	77 910	233 730	223 665			
11	2	311 640	77 910	233 730	214 034			
12	3	311 640	77 910	233 730	204 817			
13	4	311 640	77 910	233 730	195 997			
14	5	311 640	77 910	233 730	187 557			
15	6	311 640	77 910	233 730	179 480			
16	7	311 640	77 910	233 730	171 752			
17	8	311 640	77 910	233 730	164 356			
18	9	311 640	77 910	233 730	157 278			
19	10	311 640	77 910	233 730	150 505			
20	合计	3 116 402	779 100	2 337 301	1 849 41			
21								

续表

	A	B	C	D	E	F	G	H
22	长期借款筹资分析计算表							
23	年	还款额	偿还本金	偿还利息	折旧	税款节约额	净现金流量	现值
24	1	298 059	138 059	160 000	200 000	90 000	208 059	199 099
25	2	298 059	149 104	148 955	200 000	87 239	210 820	193 054
26	3	298 059	161 032	137 027	200 000	84 257	213 802	187 354
27	4	298 059	173 915	124 144	200 000	81 036	217 023	181 987
28	5	298 059	187 828	110 231	200 000	77 558	220 501	176 941
29	6	298 059	202 854	95 205	200 000	73 801	224 258	172 207
30	7	298 059	219 082	78 977	200 000	69 744	228 315	167 772
31	8	298 059	236 609	61 450	200 000	65 363	232 696	163 629
32	9	298 059	255 538	42 521	200 000	60 630	237 429	159 767
33	10	298 059	275 981	22 078	200 000	55 520	242 539	156 178
34	合计	2 980 590	2 000 000	980 590	2 000 000	745 147	2 235 442	1 757 988

实训分析：当公司采用借款筹资购买设备时，借款利息、折旧费用都可以抵税，扣除税款节约额后的净现金流量的现值和为 1 757 988.39 元。

当公司采用租赁筹资时，由于是由出租人维修设备，企业不支付附加费用，所以属于经营租赁，租赁资产支付的租金可以抵税，扣除税款节约额后的净现金流量的现值和为 1 849 440.69 元。

公司筹资应选择筹资成本现值小的方案，所以应选择借款筹资。

任务三　筹 资 决 策

【案例引入】

北方汽车制造公司的筹资研讨会

北方汽车制造公司是一个多种经济成分并存，具有法人资格的大型企业集团。公司具有 58 个生产厂家，还有物资、销售、进出口、汽车配件等 4 个专业公司，一个轻型汽车研究所和一所汽车工业学院。公司现在急需 1 亿元的资金用于"七五"技术改造项目。为此，总经理赵广文于 2009 年 2 月 10 日召开由生产副总经理李伟、财务副总经理张超、销售副总经理鲁立、某信托投资公司金融专家刘慧、某研究中心经济学家黄教授、某大学财务学者王教授组成的专家研讨会，讨论有关筹资问题。

总经理赵广文首先发言说："公司'七五'技术改造项目经专家、学者的反复论证已被国务院于 1987 年正式批准。这个项目的投资额预计为 4 亿元，生产能力为 4 万辆。项目改造完成后，公司的两个系列产品的各项性能可达到国际 20 世纪 80 年代的先进水平。现在项目正在积极实施中，但目前资金不足，准备在 2009 年 7 月筹措 1 亿元资金，请大家讨论如何筹措这笔资金。"

生产副总经理李伟说："目前筹集的1亿元资金，主要用于投资少、效益高的技术改造项目。这些项目在两年内均能完成建设并正式投产，到时将大大提高公司的生产能力和产品质量，估计这笔投资在投产后三年内可完全收回。所以应发行五年期的债券筹集资金。"

财务副总经理张超提出了不同意见，他说："目前公司全部资金总额为10亿元，其中自有资金为4亿元，借入资金为6亿元，自有资金比率为40%，负债比率为60%。这种负债比率在我国处于中等水平，与世界发达国家如美国、英国等相比，负债比率已经比较高了。如果再利用债券筹集1亿元资金，负债比率将达到64%，显然负债比率过高，财务风险太大。所以，不能利用债券筹资，只能靠发行普通股股票或优先股股票筹集资金。"

但金融专家刘慧却认为：目前我国金融市场还不完善，一级市场刚刚建立，二级市场尚在萌芽阶段，投资者对股票的认识尚有一个过程。因此，在目前条件下要发行1亿元普通股股票十分困难。发行优先股还可以考虑，但根据目前的利率水平和市场状况，发行时年股息率不能低于16.5%，否则无法发行。如果发行债券，因要定期付息还本，投资者的风险较小，估计以12%的利息率便可顺利发行债券。

来自某研究中心的黄教授认为：目前我国经济处于繁荣时期，但党和政府已发现经济"过热"所造成的一系列弊端，正准备采取措施治理经济环境，整顿经济秩序。到时汽车行业可能会受到冲击，销售量可能会下降，不然盲目上马，后果将是十分严重的。

公司的销售副总经理鲁立认为：治理整顿不会影响公司的销售量。这是因为该公司生产的轻型货车和旅行车，几年来销售情况一直很好，畅销全国29个省、市、自治区，市场上较长时间供不应求。1986年全国汽车滞销，但该公司的销售状况仍创历史最高水平，居全国领先地位。在近几年全国汽车行业质量评比中，轻型汽车连续夺魁，轻型货车两年获第一名，一年获第二名。鲁立还认为，治理整顿可能会引起汽车滞销，但这只可能限于质次价高的非名牌产品，该公司的几种名牌汽车仍回畅销不衰。

财务副总经理张超补充说："该公司属于股份制试点企业，执行特殊政策，所得税率为35%，税后资金利润率为15%，准备上马的这项技术改造项目，由于采用了先进设备，投产后预计税后资金利润将达到18%左右。"所以，他认为这一技术改造项目仍应付诸实施。

来自某大学的财务学者王教授听了大家的发言后指出：以16.5%的股息发行优先股不可行，因为发行优先股筹集所花费的筹集费用较多，把筹资费用加上以后，预计利用优先股筹集资金的资金成本将达到19%，这已高出税后资金利润率，所以不可行。但若发行债券，由于利息可在税前支付，实际成本大约在9%左右。他还认为，目前我国正处于通货膨胀时期，利息率比较高，这时不宜发行较长时期的具有固定负担的债券或优先股股票，因为这样做会较长负担较高的利息或股息。所以，郑教授认为，应首先向银行筹措1亿元的技术改造贷款，期限为一年，一年以后，再以较低的股息率发行优先股股票来代替技术改造贷款。

财务副总经理张超听了王教授的分析后，也认为按16.5%发行优先股，的确会给公司造成沉重的财务负担。但他不同意郑教授后面的建议，他认为，在目前条件下向银行筹措1亿元技术改造贷款几乎不可能；另外，通货膨胀在近一年内不会消除，要想消除通货膨胀，利息率有所下降，至少需要两年时间。金融学家周明也同意王超的看法，他认为一年后利息率可能还会上升，两年后利息才会保持稳定或略有下降。

【能力目标】

1. 能运用资本成本分析法进行筹资决策。
2. 能运用每股收益分析法进行筹资决策。
3. 能运用企业价值分析法进行筹资决策。

【知识目标】

1. 熟悉并掌握企业如何进行筹资决策。
2. 进一步掌握单变量求解的方法。
3. 进一步掌握规划求解的方法。

【实训项目】

一、实训项目资料及要求

（一）每股收益无差别点筹资决策

广州百泰下属一家子公司——EE 公司目前资本共 900 万元，其中长期债券 100 万元，债券利率 8%，普通股 80 万股，共 800 万元。为满足投资计划的需求，准备再筹资 200 万元资本，有两个备选方案：方案 1 是发行长期债券 200 万元，年利率 9%，方案 2 是增发行普通股 200 万元，每股面值 10 元。公司的所得税税率为 25%，要求：通过每股收益无差别点分析，对筹资方案进行决策。绘制各个方案的每股利润与息税前收益的关系图，并做相关分析。

（二）企业价值分析筹资决策

广州百泰下属一家子公司——PP 公司，原资本全部由普通股组成，股票账面价值 1 000 万元，所得税税率 25%。预计公司设立后每年的 EBIT 为 200 万元，且保持稳定不变，公司的税后净利将全部作为股利发放，股利增长率为零。集团公司财务总监认为这样的资本结构不够合理，准备增加负债以利用财务杠杆使企业价值提高。经测算，债务的现值等于其面值，在不同的负债水平下，债务的利率和普通股的 β 值如下表所示。

方案	债务 B（万元）	债务利率（%）	普通股 β 值
1	0	0	1.1
2	100	6	1.2
3	200	8	1.25
4	300	10	1.48
5	400	12	1.85
6	500	15	2.2

同时已知证券市场的数据为：$R_f = 8\%$，平均风险股票必要报酬率为 $R_m = 14\%$，试测算 PP 公司的最优资本结构。

二、实训项目知识链接

企业进行筹资决策，首先必须选定决策目标，其次是收集与决策有关的信息资料，然后选择适当的方法进行决策分析。现代资本结构理论表明，企业应存在有最优的资本结构。根据不同情况或不同要求，企业进行筹资决策可分别选择以综合资本成本最低、普通股每股利润最大或企业市场价值最大为目标。

1. 资本成本分析法。

首先计算出各个备选方案的综合资本成本，然后进行比较，选择综合资本成本最低的方案为最优方案。

2. 每股收益 EPS 分析法。

每股收益的计算公式如下：

$$EPS = \frac{(S - VC - F - I)(1 - T)}{N} = \frac{(EBIT - I)(1 - T)}{N}$$

式中：S——销售额；

VC——变动成本；

F——固定成本；

I——债务利息；

T——所得税税率；

N——流通在外的普通股股数；

$EBIT$——息税前收益。

每股收益分析是利用每股收益无差别点进行的。每股收益无差别点是指每股收益不受融资方式影响的销售水平。在每股收益无差别点上，无论是采用负债融资，还是采用权益融资，每股收益都是相等的。若以 EPS_1 代表负债融资，以 EPS_2 代表权益融资，在每股收益无差别点上，有：

$$EPS_1 = EPS_2$$

$$\frac{(S_1 - VC_1 - F_1 - I_1)(1 - T)}{N_1} = \frac{(S_2 - VC_2 - F_2 - I_2)(1 - T)}{N_2}$$

在每股收益无差别点上，$S_1 = S_2$，则能使上述条件公式成立的销售额为每股收益无差别点销售额。当销售额高于每股收益无差别点销售额时，应选择负债融资；反之，则选择权益融资。

3. 企业价值分析法。

从根本上讲，财务管理的目标在于追求公司价值的最大化或股价最大化。然而只有在风险不变的情况下，每股收益的增长才会直接导致股价的上升，所以公司的最佳资本结构应当是可使公司的总价值最高，而不一定是每股收益最大的资本结构。同时在公司总价值最大的资本结构下，公司的资本成本也是最低的。

公司的市场总价值 V 的计算公式如下：

$$V = S + B$$

$$S = \frac{(EBIT - I)(1 - T)}{K_S}$$

其中：S——股票的总价值；

B——债券的价值；

EBIT——息税前收益；

I——年利息额；

T——所得税税率；

K_S——股票资本成本。

采用资本资产定价模型法计算股票的资本成本，而公司的资本成本则采用加权平均资本成本表示。

三、实训步骤

（一）每股收益无差别点筹资决策

1. 打开项目四中的"4－3 筹资决策"工作簿，点击"每股收益分析"工作表，在相应单元格输入原始数据。

2. 参照下表，在工作表中输入相关公式和函数进行计算，如下表所示：

单元格	公式或函数
B12：G12	｛＝（B11：G11－C3＊D3－C8＊D8）＊（1－F2）/E4｝（数组公式）
B13：G13	｛＝（B11：G11－C3＊D3）＊（1－F2）/（E4＋E9）｝（数组公式）
D14	＝（（C3＊D3＋C8＊D8）＊（E4＋E9）－E4＊（C3＊D3））/E9
E9	＝C9/F9

3. 运用单变量求解每股收益无差别点 EBIT。

在单元格 F15 输入公式"＝（D15－C3＊D3－C8＊D8）＊（1－F2）/E4－（D15－C3＊D3）＊（1－F2）/（E4＋E9）"

在"数据"选项卡上的"数据工具"组中，单击"假设分析"，然后单击"单变量求解"，出现"单变量求解"对话框。在"目标单元格"框中，输入 F15，在"目标值"框中，输入 0，在"可变单元格"框中，输入 D15，然后单击"确定"。

4. 运用规划求解方法求解每股收益无差别点 EBIT。

在单元格 F16 输入公式"＝（D16－C3＊D3－C8＊D8）＊（1－F2）/E4－（D16－C3＊D3）＊（1－F2）/（E4＋E9）"

在"数据"选项卡上的"分析"组中，单击"规划求解"，出现"规划求解参数"对话框。在"设置目标单元格"框中，输入目标单元格的 F16，单击"值"，然后在框中键入数值 0。在"可变单元格"框中，输入 D16，然后单击"求解"，再单击"确定"。

5. 画图反映"方案比较图"。

在"插入"选项卡中"图表"数据组中点击"折线图"，选择"二维折线图"中的"带数据标记的折线图"，出现空白图标区。将光标置于空白图标区内，在"设计"选项卡的"数据"数据组中点击"选择数据"，弹出"选择数据源"窗体。点击"图表数据区域"，此时光标变成十字形，选择工作表中区域 B12：G13。点击"水平（分类）轴标签"

中的"编辑",出现"轴标签"窗体,在"轴标签区域"内选择区域 B11:G11,点击"确定"按钮。所有数据选择好后,在"选择数据源"窗体中点击"确定"按钮,一张图表便生成在当前的工作表中了。选中该图表,将之做拖动和拉动调整,存放在合适区域。可根据个人喜好进行图表修饰。

（二）企业价值分析筹资决策

1. 点击"最优资本结构"工作表,在相应单元格输入原始数据。
2. 参照下表,在工作表中输入相关公式和函数进行计算,如下表所示:

单元格	公式或函数
B12:B17	{=B3:B8}（数组公式）
C12:C17	{=C3:C8}（数组公式）
D12:D17	{=F4+D3:D8*(F5-F4)}（数组公式）
E12:E17	{=(F2-C12:C17*B12:B17)*(1-F3)/D12:D17}（数组公式）
F12:F17	{=B12:B17+E12:E17}（数组公式）
G12:G17	{=C12:C17*(1-F3)*B12:B17/F12:F17+D12:D17*E12:E17/F12:F17}（数组公式）
C18	=MAX(F12:F17)
C19	=MIN(G12:G17)
E18	=MATCH(C18,F12:F17)
E19	=MATCH(C19,G12:G17)

四、实训项目解决方案及分析

（一）两方案不同 EBIT 下的 EPS 的计算结果以及每股收益无差别点的 EBIT 计算结果如下表所示:

	A	B	C	D	E	F	G
10	每股收益与息税前收益的关系						
11	EBIT	20	60	100	140	180	220
12	方案 1 的 EPS	-0.06	0.32	0.69	1.07	1.44	1.82
13	方案 2 的 EPS	0.09	0.39	0.69	0.99	1.29	1.59
14			公式求解	98			
15	每股收益无差别点的 EBIT:		单变量求解	98		0	
16			规划求解	98		0	

两个方案的 EPS 与 EBIT 的关系绘制图如图 4-1 所示。

从图 4-1 可以看出,方案 1 与方案 2 相交于某点,则当公司追加筹资后预计的 EBIT 不超过此点时,方案 2 的 EPS 大于方案 1 的 EPS,应采用方案 2 即发行普通股筹资;当预计的 EBIT 超过此点时,方案 1 的 EPS 大于方案 2 的 EPS,则应采用方案 1 即发行长期债券筹资。方案 1 与方案 2 的交点处的 EBIT 可以采用输入公式求解或单变量求解或规划求解方法计算,结果一致，即当公司预计的 EBIT 低于 170 万元时，应采用方案 2 即发行普通股筹资；当预计的 EBIT 超过 170 万元时，应采用方案 1 即发行长期债券筹资。

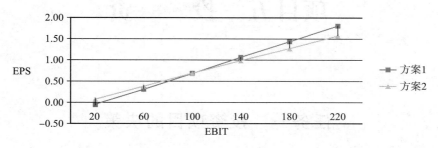

图 4 - 1 方案比较

（二）计算结果如下表所示：

	A	B	C	D	E	F	G
10		不同债务规模下的 PP 公司价值和综合资本成本					
11	方案	B（万元）	K_b	R_s	S（万元）	V（万元）	K_n
12	1	0	0%	14.60%	1 027.40	1 027.40	14.60%
13	2	100	6%	15.20%	957.24	1 057.24	14.19%
14	3	200	8%	15.50%	890.32	1 090.32	13.76%
15	4	300	10%	16.88%	755.33	1 055.33	14.21%
16	5	400	12%	19.10%	596.86	996.86	15.05%
17	6	500	15%	21.20%	442.22	942.22	15.92%
18		公司最大价值：	1 090.32	对应方案	3		
19		最小综合资本成本：	0.14	对应方案：	3		

在没有负债时，PP 公司的价值等于其普通股的价值。随着债务的增加，PP 公司的价值开始逐渐增加，当债务增加到 200 万元时，PP 公司价值达到最大，此后，随着债务的增加，PP 公司的价值开始下降。从公司的综合资本成本的变化也可以看出，债务规模为 200 万元时，综合资本成本也达到最低。因此，PP 公司债务为 200 万元时的资本结构为最优资本结构。

项目五　投　资

任务一　投资项目的决策

【案例引入】

利达 VCD 厂家的新建生产线决策

利达 VCD 制造厂是生产 VCD 的中型企业，该厂生产的 VCD 质量优良，价格合理，长期以来供不应求。为扩大生产能力，厂家准备新建一条生产线。负责这项投资工作的总会计师经过调查研究后，得到如下有关资料：

（1）该生产线的原始投资额为 12.5 万元，分两年投入。第一年初投入 10 万元，第二年初投入 2.5 万元，第二年末项目完工可正式投产使用。投产后每年可生产 VCD1 000 台，每台销售价格为 300 元，每年可获销售收入 30 万元，投资项目可使用 5 年，残值 2.5 万元，垫支流动资金 2.5 万元，这笔资金在项目结束时可全部收回。

（2）该项目生产的产品总成本的构成如下：

材料费用 20 万元，制造费用 2 万元，人工费用 20 万元，折旧费用 2 万元。

总会计师通过对各种资金来源进行分析，得出该厂加权平均的资金成本率为 10%。

同时还计算出该项目的营业现金流量，现金流量，净现值，并根据其计算的净现值，变为该项目可行。

（3）厂部中层干部意见。

经营副总认为：在项目投资和使用期间，通货膨胀率大约在 10% 左右，将对投资项目各有关方面产生影响。

基建处长认为：由于受物价变动的影响，初始投资将增长 10%，投资项目终结后，设备残值也将增加到 37 500 元。

生产处长认为：由于物价变动的影响，材料费用每年将增加 14%，人工费用也将增加 10%。

财务处长认为：扣除折价后的制造费用，每年将增加 4%，折旧费用每年仍为 20 000 元。

销售处长认为：产品销售价格预计每年可增加 10%。

根据以上影响利达 VCD 投资项目决策的各因素，应如何确定利达 VCD 项目投资决策。

【能力目标】

1. 能对投资项目的可行性进行分析和比较。

2. 能决策是否进行固定资产的更新。

【知识目标】

1. 掌握利用 Excel 提供的函数进行投资项目可行性分析的方法。
2. 掌握利用 Excel 公式计算对固定资产更新进行决策。

【实训项目】

一、实训项目资料及要求

（一）单一投资项目可行性分析

KK 公司的一投资项目，固定资产投资 1 500 万元，预计可使用 9 年。其中第 0 年和第 1 年分别投入 1 000 万元和 500 万元，预计第 2～10 年每年的销售收入为 1 200 万元，年付现固定费用为 700 万元。按直线法计提折旧，不考虑残值及营运资金回收，所得税税率为 25%，基准收益率为 15%。请分别计算净现值、现值指数和内含报酬率指标，并根据基准收益率判断该项目是否可行？

（二）多个投资项目的比较与优选

GG 公司有三项投资机会，基准收益率为 10%，三个方案的有关资料如下：

三个方案的有关资料

单位：万元

项目	A 方案		B 方案		C 方案	
年	净收益	现金净流量	净收益	现金净流量	净收益	现金净流量
0	0	−400 000	0	−600 000	0	−800 000
1	40 000	120 000	45 000	150 000	55 000	230 000
2	40 000	120 000	45 000	155 000	70 000	240 000
3	40 000	120 000	50 000	165 000	75 000	250 000
4	40 000	120 000	55 000	160 000	65 000	190 000
5	40 000	120 000	55 000	220 000	75 000	230 000
合计	200 000	200 000	250 000	250 000	340 000	340 000

要求：分别计算三个方案的 NPV 和 IRR，如果三个方案为互斥方案，试做出有关投资决策；如果三个方案为独立方案，试做出三个方案的优先排定次序。

（三）固定资产更新的投资决策

EE 公司有一台设备，工程技术人员提出更新要求。经过分析得到以下数据：

项目	旧设备	新设备
原值（元）	44 000	48 000
预计使用年限（年）	10	10
已经使用年限（年）	4	0
最终报废残值（元）	4 000	6 000
变现价值（元）	12 000	48 000
年运行成本（元）	14 000	8 000

假设该企业要求的最低报酬率为 15%，请做出是继续使用还是更新设备的决策。

二、实训项目知识链接

（一）评价指标

项目投资评价指标包括贴现指标和非贴现指标。非贴现指标包括静态回收期和会计收益率。贴现指标主要包括以下几类：

1. 净现值 NPV。

如果某项投资只有一个方案，则该方案的 NPV 大于零即可；对于多个互斥方案，NPV 为正且最大的方案为最优方案。其计算公式如下：

$$NPV = \sum_{k=0}^{n} \frac{I_k}{(1+i)^k} - \sum_{k=0}^{n} \frac{O_k}{(1+i)^k}$$

式中：n——投资涉及的年限；

I_k——第 k 年的现金流出量；

O_k——第 k 年的现金流入量；

i——预定的贴现率。

2. 现值指数 PI。

利用现值指数可进行独立投资机会获利能力的比较，当其大于 1 时，方案可行。计算公式如下：

$$PI = \sum_{k=0}^{n} \frac{I_k}{(1+i)^k} \bigg/ \sum_{k=0}^{n} \frac{O_k}{(1+i)^k}$$

3. 内含报酬率 IRR。

内含报酬率揭示投资方案本身所固有的真实报酬率水平，并反映了其内在的活力水平。若内含报酬率大于企业所要求的最低报酬率（净现值中所使用的贴现率），就接受该投资项目；若内含报酬率小于企业所要求的最低报酬率，就放弃该项目。实际上，内含报酬率大于贴现率时接受一个项目，也就是接受了一个净现值为正的项目。

（二）有关财务函数

1. 直线折旧法函数 SLN（）。

功能：返回某项资产在一个期间中的线性折旧值。

语法：SLN(cost,salvage,life)

2. 年限总和折旧法函数 SYD ( )。

功能：返回某项资产按年限总和折旧法计算的指定期间的折旧值。

语法：SYD(cost,salvage,life,per)

3. 双倍余额递减法函数 DDB ( )。

功能：使用双倍余额递减法或其他指定方法，计算一笔资产在给定期间内的折旧值。

语法：DDB(cost,salvage,life,period,factor)

4. 定期现金流量净现值函数 NPV ( )。

功能：通过使用贴现率以及一系列未来支出（负值）和收入（正值），返回一项投资的净现值。

语法：NPV(rate,value1,value2,...)

5. 内含报酬率函数 IRR ( )。

功能：返回由数值代表的一组现金流的内部收益率。这些现金流不必为均衡的，但作为年金，它们必须按固定的间隔产生，如按月或按年。内部收益率为投资的回收利率，其中包含定期支付（负值）和定期收入（正值）。

语法：IRR(values,guess)

（三）固定资产更新的投资决策

在进行寿命期相同的固定资产更新决策时，常常使用净现值法或差量分析法。但一般来讲，使用新设备后，其寿命期将要长于旧设备继续使用的年限，同时由于设备更新后不会改变企业的生产能力，只是改变设备的运行成本，所以需要使用年平均成本法进行分析，以年均成本低者作为较好方案。

固定资产的平均年成本的计算方法如果不考虑货币的时间价值，计算公式为：

$$年平均成本 = \frac{变现价值 + 年运行成本 \times 使用年限 - 残值}{使用年限}$$

如果考虑货币的时间价值有以下三种方法：

方法一：计算现金流出的总现值，然后分摊给每一年。

方法二：将原始投资和残值摊销到每年，然后求和。

年平均成本 = 投资摊销 + 运行成本 - 残值摊销

方法三：将残值在原投资中扣除，视同每年承担相应的利息，然后与净投资摊销及年运行成本总计，求出每年的平均成本。

三、实训步骤

（一）单一投资项目可行性分析

打开项目五中的"5 - 1 投资项目的决策"工作簿，点击"单一投资项目可行性分析"工作表，在相应单元格中输入原始数据。

参考下表，利用相应公式或函数在单元格中进行计算。

单元格	公式或函数
D9:L9	{ = SLN(B7 + C7,0,B12)}（数组公式）
D10:L10	{ = (D5:L5 − D8:L8 − D9:L9) * B13}（数组公式）
B11:L11	{ = B5:L5 − B7:L7 − B8:L8 − B10:L10}（数组公式）
B16	= NPV(B14,C11:L11) + B11
B17	= NPV(B14,D11:L11)/(1 + B14)/ABS(B11 + C11/(1 + B14))
B18	= IRR(B11:L11)
B19	= IF(B18 > B14,"项目可行","项目不可行")

（二）多个投资项目的比较与优选

点击"多个投资项目的比较与优选"工作表，在相应单元格中输入原始数据。
在单元格 B13 输入" = NPV($B$12,C5:C9) + C4"，复制此单元格至 C13:F13。
在单元格 B14 输入" = IRR(C4:C9)"，复制此单元格至 C14:F14。

（三）固定资产更新的投资决策

点击"固定资产的更新决策"工作表，在相应单元格中输入原始数据。
参考下表，利用相应公式或函数在单元格中进行计算。

单元格	公式或函数
B12	= (B7 + B8 * (B4 − B5) − B6)/(B4 − B5)
B13	= IF(B12 < C12,"继续使用旧设备","更新设备")
B15	= PMT(B9,B4 − B5, − B7 − PV(B9,B4 − B5, − B8) + PV(B9,B4 − B5,, − B6))
B16	= B8 + PMT(B9,B4 − B5, − B7) − PMT(B9,B4 − B5,, − B6)
B17	= PMT(B9,B4 − B5, − B7 + B6) + B6 * B9 + B8
B18	= IF(B15 < C15,"继续使用旧设备","更新设备")

复制单元格 B12 至 C12。
复制单元格区域 B15:B17 至 C15:C17。

四、实训项目解决方案及分析

（一）单一投资项目可行性分析

计算结果如下表所示：

	A	B	C	D	E	F	G	H	I	J	K	L
9	固定资产折旧（非付现支出）			167	167	167	167	167	167	167	167	167
10	所得税			83	83	83	83	83	83	83	83	83
11	净现金流量	− 1 000	− 500	417	417	417	417	417	417	417	417	417
12	预计使用年限	9										

	A	B	C	D	E	F	G	H	I	J	K	L
13	所得税率	25%										
14	基准收益率	15%										
15	投资项目计算与评价结果											
16	净现值 NPV	294.05										
17	现值指数 PI	1.20										
18	内含报酬率 IRR	19.68%										
19	结论	项目可行										

该项目的内含报酬率19.68%高于基准收益率15%，所以项目可行。

（二）多个投资项目的比较与优选

计算结果如下表所示：

	A	B	C	D	E	F	G
2	项目	A方案		B方案		C方案	
13	净现值 NPV	54 894.41		34 314.60		67 851.18	
14	内含报酬率 IRR	15.24%		12.09%		13.32%	

结果分析：如果三个方案为互斥方案，应选择净现值最大的方案为最优方案。由于 67 851.18 > 54 894.41 > 34 314.60，因此选择方案 C。

如果三个方案为相互独立的方案，应选择按照内含报酬率由大到小的顺序排定三个方案的优先次序。由于15.24% > 13.32% > 12.09%，因此按照 A、C、B 的顺序优先安排投资。

（三）固定资产更新的投资决策

计算结果如下表所示：

	A	B	C
2	项目	旧设备	新设备
11	不考虑货币时间价值		
12	年平均成本（元）	15 333	12 200
13	结论	更新设备	
14	考虑货币时间价值		
15	年平均成本（元）（方法一）	16 714	17 269
16	年平均成本（元）（方法二）	16 714	17 269
17	年平均成本（元）（方法三）	16 714	17 269
18	结论	继续使用旧设备	

计算结果表明：在不考虑货币时间价值时，旧设备的年平均成本为15 333元，高于新

设备的年平均成本 12 200 元，因此应更新设备。而考虑货币时间价值时，在最低报酬率为 15% 的条件下，旧设备的年平均成本为 16 714 元，低于新设备的年平均成本 17 269 元，因此应继续使用旧设备。

任务二　投资项目的风险分析

【案例引入】

财务顾问对建厂项目的风险评价

刘先生是一家公司的财务顾问，该公司是目前国内最大的家电生产企业，已经在上海证券交易所上市多年。该公司考虑在广州建立一家工厂，生产某一新型产品，公司管理层要求他对生产项目进行评价。

该公司在 2 年前曾在广州以 500 万元购买了一块土地，原打算建立南方物资配送中心，后来由于收购了一个物流企业，解决了南方地区的产品配送问题便取消了该配送中心的建设项目。公司现规划在这块土地上兴建新的工厂，目前土地的评估价值为 800 万元。预计该建设工厂的固定资产投资为 1 000 万元。该工程将承包给另外的公司，工程款在完工投产时一次性付清，也就是假设建设期为 0，另外，工厂投产时需要营运资本 750 万元。该工厂投入营运后，每年生产销售 30 万台，售价为 200 元/台，单位变动成本 160 元，预计每年发生的固定成本为 400 万元（含制造费用、经营费用、管理费用）。由于该项目的风险比公司的平均风险高，管理当局要求项目的报酬率比当前的加权平均税后资本高出 2 个百分点。公司目前的资本来源如下：负债的主要项目是公司债券，该债券的票面利率为 6%，每年付息，5 年后到期，面值 1 000 元/张，共 100 万张，每张债券的当前市价为 959 元；所有者权益的主要项目是普通股，流通在外的普通股共 10 000 万股，市价为 22.38 元/股，贝塔系数为 0.875。其他资本来源忽略不计。当前无风险收益率为 5%，预期市场风险溢价为 8%，该项目所需资金按公司当前的资本结构筹集，并忽略债券和股票的发行费用。公司的平均所得税率为 25%，新工厂的固定资产的折旧年限为 8 年（净残值为 0），土地不提取折旧。该工厂（包括土地）在 5 年后将整体出售，预计价格为 600 万元。假设投入的营运资本能在工厂出售时收回。刘先生该如何决策？

【能力目标】

1. 能评价投资项目的风险。
2. 能利用调整现金流量法、风险调整贴现率法进行投资决策。

【知识目标】

1. 掌握投资项目的风险评价。
2. 掌握利用调整现金流量法进行投资决策。

3. 掌握利用风险调整贴现率法进行投资决策。

【实训项目】

一、实训项目资料及要求

PP 公司拟进行一项投资，根据市场调查，现有 A、B、C 三个投资方案可供选择。各方案的投资额、预计现金流量及其概率分布如下表所示：

项目	A		B		C	
年 T	概率 Pi	CFAT	概率 Pi	CFAT	概率 Pi	CFAT
0	1.00	−600 000	1.00	−1 000 000	1.00	−600 000
1	0.20	51 000	0.20	140 000	0.10	95 800
	0.30	42 000	0.40	120 000	0.60	97 300
	0.50	33 800	0.40	118 000	0.30	85 100
2	0.30	914 000	0.30	133 000	0.40	96 700
	0.30	76 100	0.30	112 000	0.50	95 730
	0.40	65 200	0.40	105 000	0.10	92 300
3	0.40	120 000	0.10	121 000	0.60	95 400
	0.40	105 000	0.30	115 000	0.30	92 500
	0.20	83 200	0.60	100 000	0.10	92 100
4	0.25	126 000	0.15	235 000	0.20	87 800
	0.50	110 000	0.60	212 000	0.50	87 000
	0.25	103 000	0.25	199 000	0.30	86 500
5	0.30	122 500	0.20	238 000	0.40	86 900
	0.40	101 000	0.40	225 000	0.40	84 400
	0.30	95 200	0.40	223 000	0.20	83 400
6	0.20	122 000	0.30	256 000	0.30	84 500
	0.60	108 000	0.30	282 000	0.40	80 600
	0.20	77 400	0.40	257 600	0.20	83 200
7	0.25	134 500	0.10	342 100	0.60	81 300
	0.55	86 700	0.30	316 000	0.20	81 500
	0.20	52 600	0.60	212 000	0.20	81 150
8	0.20	146 500	0.05	258 000	0.70	82 100
	0.70	88 600	0.80	247 000	0.15	79 500
	0.10	65 800	0.15	186 500	0.15	79 700

要求：1. 若 PP 公司要求的最低报酬率为 5%，其标准离差率与肯定当量系数检验关系如下表所示：

标准离差率	上限	0.00	0.06	0.16	0.29	0.36
	下限	0.05	0.15	0.28	0.35	0.50
肯定当量系数		1.00	0.90	0.80	0.70	0.60

请对各投资项目的风险进行评估，按调整现金流量法选择最优投资方案。

2. 若当前的无风险报酬率为4%，市场平均报酬率为8%，A方案的预期股权现金流量风险最大，β值为1.6；B方案的预期股权现金流量风险最小，β值为0.75；C方案的预期股权现金流量风险居中，β值为1.2，请对各投资项目进行风险贴现率调整，选择最优投资方案。

二、实训项目知识链接

（一）投资项目风险的处置方法

投资项目总是有风险的，项目未来现金流量总会具有某种程度的不确定性，对于项目风险的处置有两种方法：

1. 调整现金流量法（肯定当量法）。

把不确定的现金流量调整为确定的现金流量，然后用无风险的报酬率作为折现率计算净现值。计算公式如下：

$$风险调整后的 NPV = \sum_{i=0}^{n} \frac{a_t \times CFAT_i}{(1+r)^i}$$

式中：a_t——t年现金流量的肯定当量系数，在 $0 \sim 1$ 之间；

$CFAT$——预计现金流量；

r——无风险报酬率。

2. 风险调整贴现率法。

对于高风险的项目，采用较高的折现率来计算净现值，计算公式如下：

$$风险调整后的 NPV = \sum_{i=0}^{n} \frac{CFAT_i}{(1+风险调整贴现率)^i}$$

风险调整贴现率可以用资本资产定价模型或按投资项目的风险等级或用风险报酬率模型来进行计算。

（二）有关函数

1. SUMPRODUCT（）函数。

功能：在给定的几组数组中，将数组间对应的元素相乘，并返回乘积之和。

语法：SUMPRODUCT(array1,array2,array3,...)

2. LOOKUP（）函数。

功能：从单行或单列区域或者从一个数组返回值，具有两种语法形式：向量形式和数组形式。其向量形式在单行区域或单列区域（称为"向量"）中查找值，然后返回第二个单行区域或单列区域中相同位置的值。

语法：LOOKUP(lookup_value,lookup_vector,result_vector)

三、实训步骤

1. 打开项目五中的"5－2 投资项目的风险分析"工作簿，点击"调整现金流量法"工作表，在相应单元格中输入原始数据。

参考下表，利用相应公式或函数在单元格中进行计算。

单元格	公式或函数
E9	= SUMPRODUCT(C9:C11,D9:D11)
F9	= SQRT(SUMPRODUCT(C9:C11,(D9:D11 – E9)^2BH))
G9	= F9/E9
H9	= LOOKUP(G9,$C$2:$G$2,$C$4:$G$4)
I9	= E9 * H9
J9	= NPV($C$6,I12:I35) + I9

复制单元格区域 E9:I9 至 E10:I87。

复制单元格 J9 至 J87。

2. 点击"风险调整贴现率法"工作表，在相应单元格中输入原始数据。

参考下表，利用相应公式或函数在单元格中进行计算。

单元格	公式或函数
F4	= SUMPRODUCT(C4:C6,D4:D6)
G4	= $B$1 + E4 * ($E$1 – $B$1)
H4	= NPV(G4,F7:F30) + F4

复制单元格 F4 至 F5:F82。

复制单元格区域 G4:H4 至 G5:H58。

四、实训项目解决方案及分析

1. 调整现金流量法的计算结果如下表所示：

	A	B	E	F	G	H	I	J
8	项目	年T	期望值	标准离差	标准离差率	肯定当量系数	无风险现金流量	NPV
9		0	–600 000	0	0.00	1.00	–600 000	
12		1	39 700	6 673	0.17	0.80	31 760	
15		2	323 110	386 855	1.20	0.60	193 866	
18		3	106 640	13 504	0.13	0.90	95 976	
21	A	4	112 250	8 437	0.08	0.90	101 025	15 651
24		5	105 710	11 251	0.11	0.90	95 139	
27		6	104 680	14 678	0.14	0.90	94 212	
30		7	91 830	27 883	0.30	0.70	64 281	
33		8	97 900	25 219	0.26	0.80	78 320	

	A	B	E	F	G	H	I	J
36		0	-1 000 000	0	0.00	1.00	-1 000 000	
39		1	123 200	8 447	0.07	0.90	110 880	
42		2	115 500	11 817	0.10	0.90	103 950	
45		3	106 600	8 249	0.08	0.90	95 940	
48	B	4	212 200	11 025	0.05	1.00	212 200	123 308
51		5	226 800	5 671	0.03	1.00	226 800	
54		6	264 440	11 515	0.04	1.00	264 440	
57		7	256 210	54 616	0.21	0.80	204 968	
60		8	238 475	21 964	0.09	0.90	214 628	
63		0	-600 000	0	0.00	1.00	-600 000	
66		1	93 490	5 510	0.06	1.00	93 490	
69		2	95 775	1 245	0.01	1.00	95 775	
72		3	94 200	1 474	0.02	1.00	94 200	
75	C	4	87 010	450	0.01	1.00	87 010	-41 679
78		5	85 200	1 435	0.02	1.00	85 200	
81		6	74 230	7 998	0.11	0.90	66 807	
84		7	81 310	111	0.00	1.00	81 310	
87		8	81 350	1 147	0.01	1.00	81 350	

从以上计算结果来看，$NPV_A = 15\ 651$ 元，$NPV_B = 123\ 308$ 元，$NPV_C = -41\ 679$ 元，B 项目的 NPV 最大，所以应优先选择 B 项目。

2. 风险调整贴现率法的计算结果如下表：

	A	G	H
3	项目	风险调整贴现率	NPV
4	A	10.4%	68 456
31	B	7%	101 188
58	C	8.8%	-110 805

从以上计算结果来看，$NPV_A = 68\ 456$ 元，$NPV_B = 101\ 188$ 元，$NPV_C = -110\ 805$ 元，B 项目的 NPV 最大，所以应优先选择 B 项目。

项目六　流动资金管理

流动资金是指投放在流动资产上的资金，主要项目是现金、应收账款和存货。流动资金有一个不断投入和收回的循环过程，这一过程没有终止的日期，这样就难以直接评价其投资的报酬率。对于流动资金投资评价的基本方法是以最低的成本满足生产经营周转的需要。

任务一　现 金 管 理

【案例引入】

GE 的现金池案例

现金池管理是以一种账户余额集中的形式来实现资金的集中管理，这种形式主要用于利息需要对冲，但账户余额仍然必须分开的情况。2005 年 8 月，国家外汇管理局批复了通用电气（GE）通过招标确定招商银行实施在华的美元现金池（cash pooling）业务。GE 目前在全球各地共有 82 个现金池，此次招标是 GE 第一次在中国大陆运用现金池对美元资金进行管理。

GE 在中国的投资是从 1979 年开始的，迄今为止已经投资设立了 40 多个经营实体，投资规模逾 15 亿美元，投资业务包括高新材料、消费及工业品、设备服务、商务融资、保险、能源、基础设施、交通运输、医疗、NBC（全国广播公司）环球业务和消费者金融等十多项产业或部门，GE 在中国的销售额从 2001 年的 10 亿美元左右增长到 2005 年的近 50 亿美元。随着业务的扩张，各成员公司的现金的集中管理问题由于跨地区、跨行业的原因显露出来。在 GE 现金池投入使用之前，GE 的 40 家子公司在外汇资金的使用上都是单兵作战，有些公司在银行存款，有些则向银行贷款，从而影响资金的使用效率。只有其人民币业务在 2002 年才实现了集中控制，人民币的集中管理也是通过现金池业务的形式由建行实施的。GE 在中国的销售收入中绝大部分是美元资产，而 2004 年以前我国外汇资金管理规定：两个企业不管是否存在股权关系，都不能以外币进行转账。这其实意味着对于在华的跨国公司来说，即使子公司账上有钱，母公司也不能拿，如此一来，GE 在中国的美元业务的集中管理就不能得以实现。直到 2004 年 10 月，外汇管理局下发《关于跨国公司外汇资金内部运营管理有关问题的通知》，提出"跨国公司成员之间的拆放外汇资金，可通过委托贷款方式进行"。在这种情况下，GE 公司与招行合作，规避政策壁垒实现了跨国公司集团总部对下属公司的资金控制。另外，以前 GE 的 40 个子公司的国际业务都是各自分别与各家银行谈，一旦 GE 总部将外汇资金上收之后，各子公司的开证、贴现等国际业务将会统一到招行。

GE 公司在中国设立一个母公司账户，这就是所谓的现金池。每个子公司在母公司账户底下设立子账户，并虚拟了各子公司有一个统一的透支额，在每天的下午 4 点钟，银行系统自动对子公司账户进行扫描，并将子公司账户清零，即当子公司有透支时，从集团现金池里划拨归还，记作向集团的借款，并支付利息；如果有结余，则全部划到集团账户上，记作向集团的贷款，向集团收取利息。例如，A 公司在银行享有 100 万美元的透支额度，到了下午 4 点钟，系统计算机开始自动扫描，发现账上透支 80 万美元，于是便从集团公司的现金池里划 80 万美元归还，将账户清零。倘若此前 A 公司未向集团公司现金池存钱，则记作向集团借款 80 万美元，而 B 公司如果账户有 100 万美元的资金盈余，则划到现金池，记为向集团公司贷款，所有资金集中到集团公司后，显示的总金额为 20 万美元，这样一来，通过子公司之间的内部计价，对各子公司而言，免去了与银行打交道的麻烦；对企业集团而言，节省了子公司各自存贷款产生的利差负担。

究其本质，招商银行的 GE 美元现金池项目就是对委托贷款的灵活应用。双方合作中，银行是放款人，集团公司和其子公司是委托借款人和借款人，然后通过电子银行来实现一揽子委托贷款协议，使得原来需要逐笔单笔办理的业务，变成集约化的业务和流程，从而实现了整个集团外汇资金的统一营运和集中管理。

【能力目标】

1. 能计算最佳现金持有量。
2. 能分析最佳现金持有量。

【知识目标】

1. 掌握运用公式和函数计算最佳现金持有量的多种方法。
2. 掌握利用图形来进行最佳现金持有量分析。
3. 掌握利用规划求解来添加约束条件来求解最佳现金持有量。

【实训项目】

一、实训项目资料及要求

（一）成本分析模式

广州百泰有五种现金持有方案，它们各自的机会成本、管理成本、短缺成本如下表所示：

项目	方案 A	方案 B	方案 C	方案 D	方案 E
现金持有量	25 000	50 000	75 000	100 000	125 000
机会成本	3 000	6 000	9 000	12 000	15 000
管理成本	20 000	20 000	20 000	20 000	20 000
短缺成本	12 000	7 200	3 200	1 200	0

要求，计算五种方案的现金持有总成本，并画图进行决策分析。

（二）存货模式（鲍莫模型）

广州百泰于 2012 年新设立的子公司——HH 公司预计全年需要现金 80 000 元，现金交易性成本每次 80 元，有价证券投资的年利率为 10%。

要求：计算最佳现金持有量。若企业要求最低现金持有量分别为 10 000 和 20 000 元，此时最佳现金持有量为多少？

二、实训项目知识链接

现金的股利除了做好日常收支，加速现金流转速度外，还需要控制好现金持有规模，即确定适当的现金持有量，其确定最佳现金持有量的方法有：

1. 成本分析模式。

通过分析持有现金的成本（包括机会成本、管理成本和短缺成本），寻找持有成本最低的现金持有量。现金持有量越多，机会成本就越高，而短缺成本就越低。管理成本是一种固定成本，与现金持有量之间无明显的比例关系。

最佳现金持有量的具体计算，可以先分别计算出各种方案的机会成本、管理成本和短缺成本之和，再从中选出总成本之和最低的现金持有量即为最佳现金持有量。

2. 存货模式（鲍莫模型）。

在假定现金流出量稳定不变及一些其他情况下，可以利用管理存货的经济批量公式来确定企业的最佳现金持有量。

现金持有的总成本分为机会成本和交易成本，二者随现金持有量变化而变化的方向恰好相反。机会成本随现金持有量的增大而增大，交易成本随现金持有量的增大而减少。

总成本 = 机会成本 + 交易成本

$$= \frac{C}{2} \times K + \frac{T}{C} \times F$$

式中：C——现金持有量

K——持有现金的机会成本率

T——一定期间内的现金需求量

F——每次出售有价证券以补充现金所需的交易成本

最佳现金持有量 C^* 的计算公式可推导如下：

$$C^* = \sqrt{\frac{2T \times F}{K}}$$

企业现金持有量为的总成本及最佳现金转换次数计算公式如下：

总成本 $= \sqrt{2T \times F \times K}$

最佳现金转换次数 $= \sqrt{\frac{T \times K}{2F}}$

3. 随机模式。

随机模式是在现金需求量难以预知的情况下进行现金持有量控制的方法。

三、实训步骤

（一）成本分析模式

打开项目六中的"6 - 1 现金管理"工作簿，点击"成本分析模式"工作表，在相应单元格中输入原始数据。

在单元格 B7 输入公式 "= SUM(B4:B6)",然后将其复制到 C7:F7。

插入"最佳现金持有量分析表"折线图,将其拖至单元格区域 A9:F21。

(二) 存货模式 (鲍莫模型)

点击"存货模式"工作表,在相应单元格中输入原始数据。

参考下表,利用相应公式或函数在单元格中进行计算。

单元格	公式或函数
B7	= SQRT(2 * B3 * B5/B4)
B8	= SQRT(2 * B3 * B5 * B4) 或 = B7/2 * B4 + B3/B7 * B5
B9	= SQRT(B3 * B4/2/B5) 或 = B3/B7
B12	= B11/2 * B4 + B3/B11 * B5

参照项目二中任务一中介绍的"规划求解"方法,在"规划求解参数"对话框中的"设置目标单元格"框中,输入目标单元格的 B12。在"等于"选项中,选择"最小值",然后在框中键入数值 0。在"可变单元格"框中,输入 B11,然后单击"求解",再单击"确定"。

当企业最低现金持有量为 10 000 时,可在"规划求解参数"对话框中"约束"选项中添加约束条件"B11 > = 10 000",单击"确定"。其他保持不变,可以求解。当企业最低现金持有量为 20 000 时,可用同样方法添加约束条件"B11 > = 20 000",然后求解。

四、实训项目解决方案及分析

(一) 成本分析模式

实验结果如下表所示:

	A	B	C	D	E	F
1	最佳现金持有量分析表			单位:元		
2	项目	方案 A	方案 B	方案 C	方案 D	方案 E
3	现金持有量	25 000	50 000	75 000	100 000	125 000
4	机会成本	3 000	6 000	9 000	12 000	15 000
5	管理成本	20 000	20 000	20 000	20 000	20 000
6	短缺成本	12 000	7 200	3 200	1 200	0
7	总成本	35 000	33 200	32 200	33 200	35 000

各方案的现金持有成本图示见图 6 - 1。

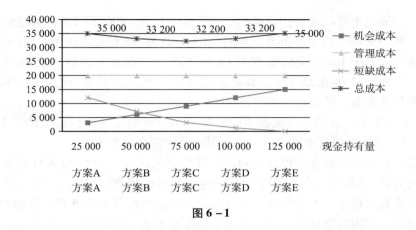

图 6-1

实验分析：从上表和图 6-1 结果可以分析出方案 C 的总成本最低，为 32 200 元，则对应的现金持有量 75 000 元为最佳现金持有量。

（二）存货模式（鲍莫模型）

实验结果如下表所示：

	A	B
6	方法 1：利用公式求解	
7	最佳现金持有量（元）	11 313.71
8	总成本（元）	1 131.37
9	现金转换次数（次/年）	7
10	方法 2：规划求解	
11	最佳现金持有量（元）	20 000.00
12	总成本（元）	1 320.00

实验分析：从上表计算结果可知 HH 公司的最佳现金持有量为 11 313.71 元，此时现金持有的总成本为 1 131.37 元，全年现金的转换次数为 7 次。

当 HH 公司最低现金持有量为 10 000 时，改变规划求解的约束条件后可求出最佳现金持有量仍为 11 313.71 元。

当 HH 公司最低现金持有量为 20 000 时，改变规划求解的约束条件后可求出最佳现金持有量为 20 000 元，此时现金持有的总成本为 1 320 元。

任务二 应收账款管理

【案例引入】

应收账款管理失败的案例

宏达公司是成立于 1988 年的电器股份制企业，1994 年 3 月，宏达公司上市。该公司经营范围非常广，彩色电视机是宏达公司的拳头产品，但自 1996 年以来，宏达公司的应收账款迅速增加，从 1995 年的 1 900 万元增加到 2003 年的 49.85 亿元人民币，KR 公司是宏达公司的最大债务人，其中 KR 的应收账款为 44.46 亿元。应收账款占资产总额的比例从 1995 年的 0.3% 上升到 2003 年的 23.3%。2004 年 12 月底，宏达公司发布公告称，由于计提 3.1 亿美元左右的坏账准备，该公司今年将面对重大亏损。

截至 2003 年年末，公司应收账款 KR 在与宏达公司的交易中，凡赊销均走保理程序。KR、保理公司、宏达公司三家签订协议后，保理公司将会通知零售商如沃尔玛，不得向 KR 直接支付货款，而是把货款交给保理公司，由保理公司将钱按 10% 和 90% 的比例在 KR 和宏达公司之间分账。KR 公司称，对于没有进连锁超市的货物，KR 向宏达公司提供支票担保，而这部分货数量很小。也就是说，宏达公司的货款回收有两种方式：保理程序和 KR 的支票担保。对此，在国际贸易中，买方的支票担保对于卖方的保护程度与常用的信用证完全不同。支票担保的有效性取决于买方的信用及资金账户状况，银行不承担支付责任。为了防范沃尔玛可能倒闭带来的风险，宏达公司和 KR 双方另外向保险公司投保，保理公司如果在两个月之内收不到货款，保险公司就要赔付。但实际上，KR 货款平均回收期绝对不止两个月。在 2003 年年报中，宏达公司披露，KR 公司所欠货款，账期 1 年以内的为 35.12 亿元，1~2 年的为 9.33 亿元。由这个数字引出了问题，9.33 亿元的货款是否属于宏达公司、KR、保理公司 3 家签署协议的货款，如果是这种货款，为什么超过 1 年收不回来。事实上，宏达公司已对 KR 超过 1 年期的应收账款提取了 9 000 多万元的坏账准备。2003 年，宏达公司主营业务利润 3.02 亿元，做 9 000 万元的坏账准备无疑大大侵蚀了公司的盈利能力。应收账款和存货总额共计 119.9 亿元，占总资产的 56% 和净资产的 91%，这将影响到公司的资产质量。

宏达公司受 KR 所累，已非一朝一夕。早在 2003 年 3 月 5 日就有媒体报道，KR 与宏达公司之间的业务往来可能让宏达公司蒙受损失。可是宏达公司并未紧急刹车。KR 应收账款事件后，宏达公司管理层已经决心对宏达公司进行一场脱胎换骨的"甩包袱"，以便 2005 年轻装上阵，因此才会一年计提 26 亿元来自 KR 应收账款的坏账，新管理者不希望这个包袱更持久地影响宏达公司。

2004 年 10 月，KR 公司董事长在深圳被四川警方以"涉嫌票据诈骗"刑事拘留，而这也意味着宏达公司对 KR 的彻底失望。为尽量收回货款、减少损失，2004 年 12 月 14 日，宏达公司在美国洛杉矶高等法院起诉 KR 公司，以 KR 公司违反债务偿还协议，两次逾期不履行分期还款义务为诉求，要求被告美国 KR 公司偿还 4.72 亿美元（约合人民币 40 亿元）的货款（连同利息及超期罚款共计标的额 4.843 亿美元）及律师费、诉讼费等，并要求法院发出禁令，禁止 KR 转移资产及删改、毁坏账本，同时允许宏达公司查明 KR 的财务状况。通过司法程序核实 KR 的财务和经营状况，以利于 KR 公司欠款问题的进一步解决。

2005 年 3 月 27 日，宏达公司对外披露，宏达公司已经从 KR 追回近 1 亿美元。2005 年 7 月 18 日，KR 旗下的香港上市公司 ZH 公司宣布，KR 以及其控股人已经将拥有的 ZH 公司股权全部抵押给宏达公司，作为宏达公司应收 KR 货款的担保。受 KR 近 40 亿元人民币应收账款拖累的宏达公司似乎获得了一个好消息。

2005 年 7 月 18 日，在香港上市的已经停牌多日的 ZH 公司公告，控股股东 KR 和 JL 根据证券及期货条例做出最新利益申明：分别将持有 ZH 公司的 1.65 亿股（51.94%）和

5 770 万股（参股 18.14%）质押给宏达公司，作为宏达公司对 KR 应收账款的担保。经计算，KR 和 JL 在 ZH 公司分别拥有约 2.38 亿港元和 0.83 亿港元的市值，两项合计仅为 3.21 亿港元。而若以资产净值计，这两项的抵押仅值 1 260 万港元。与宏达公司近 40 亿元人民币的应收账款相去甚远。

2005 年 7 月，双方达成协议，KR 向宏达公司提供三部分资产抵押，作为其部分欠款 1.5 亿美元的担保。KR 抵押的三部分资产，一是 KR 公司的不动产抵押担保；二是 KR 及其总裁 JL 持有的香港创业板上市公司"ZH 公司"股权担保；三是 KR 商标担保。2005 年 9 月，宏达公司董事会公告显示，在对 KR4.675 亿美元的欠款中，宏达公司可能从 KR 收回的欠款只有 1.5 亿美元，这意味着还有 3.175 亿美元（26 亿元人民币）的欠款面临无法收回的境地。这一数字高于自 1999~2004 年 6 年间宏达公司的利润之和。由于宏达公司大笔应收款难以收回，而且，在宏达公司既往的 140 亿元净资产中，存货就有将近 90 亿元，这样的财务状况，使宏达公司的后续发展令人担心。2005 年初，宏达公司通过向银行融资获得 30 亿元综合授信额度，但宏达公司仍在数年内深受应收账款管理失败的困扰。

【能力目标】

1. 能制定应收账款信用政策。
2. 能分析已有应收账款信用政策。

【知识目标】

1. 掌握利用函数进行应收账款信用政策的综合决策分析。
2. 掌握运用逻辑函数进行决策判断。

【实训项目】

一、实训项目资料及要求

广州百泰当前采用 45 天按发票金额付款的信用政策。现拟将信用政策放宽至 60 天，仍按发票金额付款不给折扣，但考虑到竞争对手，为了吸引顾客及早付款，提出了 2/30，N/60 的现金折扣条件，故几乎有一半顾客将享受现金折扣的优惠，其他资料如下表所示：

项目	目前信用政策	新信用政策	
		方案 A	方案 B
销售额（元）	100 000	110 000	120 000
销售利润率	20%	20%	20%
收账成本率	0.40%	0.50%	0.60%
坏账损失率	2%	3%	4%
享受现金折扣的顾客比例	0%	0%	50%
平均收账期（天）	45	60	30
现金折扣率	0%	0%	2%
应收账款的机会成本率	15%	15%	15%
变动成本率	60%	60%	60%

要求：分析该公司将采用哪一种信用政策？

二、实训项目知识链接

（一）信用政策

应收账款的管理目标是要制定合理的信用政策，信用政策包括以下几个方面：

1. 信用标准。

信用标准是指顾客获得企业的交易信用所应具备的条件。如果顾客达不到信用标准，便不能享受企业的信用或只能享受较低的信用优惠。

2. 信用期间。

信用期间是企业允许顾客从购货到付款之间的时间，或者说是企业给予顾客的付款期间。改变信用期间会对收入和成本造成影响。

3. 现金折扣政策。

现金折扣是企业对顾客在商品价格上所做的扣减，主要目的在于吸引顾客为享受优惠而提前付款，缩短企业的平均收账期，同时也能招揽一些视折扣为减价出售的顾客前来购货，借此扩大销售量。

（二）信用政策的影响

信用政策会影响企业的利益，有利影响主要表现为会使销售额增加，导致增加企业收益，其计算公式如下：

收益增减额 = 销售额增减量 × 销售利润率

不利的影响，主要表现在以下：

1. 信用政策变化对应收账款机会成本的影响。

应收账款的机会成本是指因投放于应收账款而放弃的其他收入，一般指应收账款占用资金的应计利息。

$$应计利息 = \frac{销售额}{360} × 平均收现期 × 变动成本率 × 资本成本率$$

2. 信用政策变化对应收账款管理成本的影响。

应收账款管理成本主要包括调查客户信用情况的费用、催收和组织收账的费用以及其他费用，其中对收账成本的影响计算如下：

收账成本 = 销售额 × 收账成本率

3. 信用政策变化对应收账款坏账成本的影响。

坏账成本 = 销售额 × 坏账损失率

4. 信用政策变化对应收账款现金折扣成本的影响。

现金折扣成本 = 销售额 × 折扣率 × 享受现金折扣的顾客比例

综上，信用政策变动对净收益的影响为：

净收益变化额 = 利润增减额 − 应计利息增减额 − 收账成本增减额 − 现金折扣成本增减额

三、实训步骤

打开实训的工作簿，在相应单元格中输入原始数据。

参考下表，利用相应公式或函数在单元格中进行计算。

单元格	公式或函数
C14：D14	{=（C7：D7－B7）*B4}（数组公式）
C15：D15	{=（C7：D7*C11：D11－B7*B11）/360*B6*B5}（数组公式）
C16：D16	{=C7：D7*C8：D8－B7*B8}（数组公式）
C17：D17	{=C7：D7*C9：D9－B7*B9}（数组公式）
C18：D18	{=C7：D7*C10：D10*C12：D12－B7*B10*B12}（数组公式）
C19：D19	{=C14：D14－C15：D15－C16：D16－C17：D17－C18：D18}（数组公式）
B20	=IF（AND（C19＞0，D19＞0），IF（C19＞D19，"采用 A 方案"，"采用 B 方案"），IF（C19＞0，"采用 A 方案"，IF（D19＞0，"采用 B 方案"，"采用目前的信用政策"）））

四、实训项目解决方案及分析

实训结果如下表所示：

	A	B	C	D
13		计算与分析		
14	有利影响：	对收益的影响	2 000	4 000
15		对机会成本的影响	525	－225
16	不利影响：	对收账成本的影响	150	320
17		对坏账成本的影响	1 300	2 800
18		对现金折扣成本的影响	0	1 200
19	信用政策变动带来的净收益		25	－95
20	结论	采用 A 方案		

实训分析：通过以上计算，得出方案 A 可取。由于应收账款信用政策的综合决策分析模型中各单元格之间建立了有效的动态链接，对于不同的方案，只要改变其基本数据，就可以立即自动得到不同的分析表，由此得到不同的决策方案。

任务三　存货管理

【案例引入】

家乐福的购料订货模式对制造企业的启示

在家乐福有一个特有的部门 OP（ORDER POOL），也就是订货部门，是整个家乐福的物流系统核心，控制了整个企业的物流运转。在家乐福，采购与订货是分开的。由专门的采购部门选择供应商，议定合约和订购价格。OP 则负责对仓库库存量的控制；生成正常订单与临时订单，保证所有的订单发送给供应商；同时进行库存异动的分析。作为一个核心控制部门，它的控制动作将它的资料联系到其他各个部门。对于仓储部门，它控制实际的和系统中所显示的库存量，并控制存货的异动情况；对于财务部门，它提供相关的入账资料和信息；对于各个营业部门，它提供存量信息给各个部门，提醒各部门根据销售情况及时更改订货参数，或增加临时订量。

启示一：在公司内部形成一个控制中心。在公司内部形成一个类似OP的专门的控制部门，以它为中心，成射线状对企业其他各个部门形成控制，对财务提供资料，同时对各个营运部门形成互动的联系。可以形容为"牵一发而动全身"。在制造企业的内部，我们同样需要一个得力的控制中心的存在。

启示二：明确各个部门的职责。在订货这个流程中，如果各个部门的职责没有分清的话，订货的效率会显然降低，或者说订货出错的几率会增加。在制造业中，我们需要让采购、仓库、财务、生产各个部门的职责明白清晰，物料管理的效率才能够提高。

启示三：优化进货流程。比较家乐福的订货流程，可以拟出制造业的一个进货流程如下：首先，电脑根据订货公式，计算自动订单；第二，由业务员人工审核确认后，由计算机输出，发给供应商；第三，供应商凭借计算机订单及订单号送货；第四，收货员下载订单到收货终端，持收货终端验收商品，未订货商品无法收货（严格控制未订货商品）；第五，上传终端数据至电脑系统，生成电脑验收单（超出订货数量商品，作为赠品验收或退还供应商）；第六，将电脑验收单加盖收货章后交给供应商作为结算凭证；最后，进行业务每日查验《超期未到货订单汇总表》，确保供应商准时送货。通过上述流程，可以达到优化进货流程的目的。

【能力目标】

能计算存货的经济订货批量。

【知识目标】

1. 掌握利用函数进行存货的经济订货批量决策分析。
2. 进一步掌握逻辑函数的使用。

【实训项目】

一、实训项目资料及要求

假定广州百泰某存货的年需求量 D 为 3 600 件，单位储存变动成本 K_c 为 2 元，单位订货成本 K 为 25 元，单价 V 为 10 元，单位缺货成本 K_v 为 4 元，交货时间 L 为 10 天，日耗用量 d 为 10 件，每日送货量 P 为 30 件。交货期的存货需求量及概率如下表所示：

需求量（件）	70	80	90	100	110	120	130
概率（%）	1	4	20	50	20	4	1

要求：

1. 计算存货的经济批量 Q^*、订货次数 N^*、再订货点 R、最佳订货周期 t^*、总成本 $TC(Q^*)$ 和经济订货量占用资金 I^*。

2. 计算不同保险储备下的总成本并从中选优。

二、实训项目知识链接

存货管理的目标是使企业保持科学合理的存货水平，尽力在各种存货成本与存货效益之间做出权衡，在保证需要的前提下，使得储备存货的总成本最低。

（一）储备存货的有关成本

1. 取得成本 TC_a——为取得某种存货而支出的成本，分为订货成本和购置成本。

订货成本指取得订单的成本，如办公费、差旅费、邮资等支出。订货成本包括与订货次数无关的固定成本和与订货次数有关的变动成本。

订货次数的计算公式为：

$$N = \frac{D}{Q}$$

式中：N——订货次数；

D——存货年需求量；

Q——单位进货量。

购置成本指存货本身的价值，用存货年需要量与存货单价的乘积表示。

$$TC_a = F_1 + \frac{D}{Q} \times K + D \times U$$

式中：F_1——固定订货成本；

K——单位订货的变动成本；

U——存货单价。

2. 储存成本 TC_c——为保持存货而发生的成本，分为与存货数量多少无关的固定成本和与存货数量有关的变动成本。

$$TC_c = F_2 + \frac{Q}{D} \times K_c$$

式中：F_2——固定储存成本；

K_c——单位储存变动成本。

3. 缺货成本 TC_s——指由于存货供应中断而造成的损失。

储备存货的总成本 TC 的计算公式如下：

$$TC = TC_a + TC_c + TC_s = F_1 + \frac{D}{Q} \times K + D \times U + F_2 + \frac{Q}{D} \times K_c + TC_s$$

企业存货的最优化，即使上式的 TC 值最小。

（二）经济订货量 Q^* 基本模型

在一系列假设条件下可得出经济订货量的基本模型：

$$Q^* = \sqrt{\frac{2K \times D}{K}}$$

此时，每年最佳订货次数 N^* 的计算公式如下：

$$N^* = \frac{D}{Q} = \sqrt{\frac{D \times K_c}{2K}}$$

存货总成本 $TC(Q)^*$ 的计算公式如下：

$$TC(Q^*) = \sqrt{2K \times D \times K_c}$$

最佳订货周期 t^* 的计算公式如下：

$$t^* = \frac{1}{N^*} = \sqrt{\frac{2K}{D \times K}}$$

经济订货量占用资金 I^* 的计算公式如下：

$$I^* = \frac{Q^*}{2} \times U = \sqrt{\frac{K \times D}{2K}} \times U$$

（三）基本模型的扩展

1. 订货提前期。

如果存货不能做到随用随时补充，则需要在没有用完时提前订货。在企业再次发出订货单时尚有的存货库存量称为再订货点，再订货点的计算公式如下：

$$R = L \times d$$

式中：R——再订货点；

L——交货天数；

d——每日存货平均需要量。

订货提前期对经济订货量并无影响，只是改在达到再订货点时发出订货单。

2. 存货陆续供应。

如果存货陆续供应，则经济订货量的公式为：

$$Q^* = \sqrt{\frac{2K \times D}{KC} \times \frac{P}{P - d}}$$

式中：P——每日送货量。

3. 保险储备。

保险储备是指为避免可能发生缺货而造成损失而多储备的存货。这样再订货点则相应提高为：

$$R = L \times d + B$$

建立保险储备，可以使企业避免缺货成本，但存货平均储备量加大会使储备成本升高。确立合理的保险储备就是使缺货成本 TC_s 和保险储备成本 TC_B 之和最小的保险储备。

$$TC_s + TC_B = K_U \times S \times N + B \times K_c$$

式中：K_U——单位缺货成本；

S——缺货量。

现实中，每次的缺货量具有概率性，其概率可根据历史经验估计得到，保险储备量可选择而定。

三、实训步骤

打开项目六任务三的工作簿，在相应单元格中输入原始数据。

参考下表，利用相应公式或函数在单元格中进行计算。

单元格	公式或函数
E3	= SQRT(2 * B3 * B6/B4)
E4	= B3/E3 或 = SQRT(B3 * B4/2/B6)
E5	= B8 * B9
E6	= 12/E4 或 = SQRT(2 * B6/B3/B4) * 12
E7	= SQRT(2 * B3 * B6 * B4)
E8	= E3/2 * B10 或 = SQRT(B6 * B3/2/B4) * B10
C14：C20	{ = IF(A14：A20 < = E5,0,A14：A20 − E5)}（数组公式）
D14	= SUMPRODUCT(C14：C20 − C14,B14：B20)
D15	= SUMPRODUCT(C15：C20 − C15,B15：B20)
D16	= SUMPRODUCT(C16：C20 − C16,B16：B20)
D17	= SUMPRODUCT(C17：C20 − C17,B17：B20)
D18	= SUMPRODUCT(C18：C20 − C18,B18：B20)
D19	= SUMPRODUCT(C19：C20 − C19,B19：B20)
D20	= SUMPRODUCT(C20：C20 − C20,B20：B20)
E14：E20	{ = B5 * D14：D20 * E4 + C14：C20 * B4}（数组公式）
C21	= MIN(E14：E20)
C22	= IF(C21 = E14,C14 + E5,IF(C21 = E15,C15 + E5,IF(C21 = E16,C16 + E5,IF(E17 = C21,C17 + E5,IF(E18 = C21,C18 + E5,IF(E19 = C21,C19 + E5,C20 + E5))))))

四、实训项目解决方案及分析

实训结果如下表所示：

	A	B	C	D	E
1	存货决策（保险储备模型）计算表				
2	原始数据区			计算区	
3	年需求量（件）	3 600	经济订货量（件）		300
4	单位储存变动成本（元）	2	订货次数（次）		12
5	单位缺货成本（元）	4	再订货点（件）		100
6	单位订货成本（元）	25	最佳订货周期（月）		1
7	每日送货量（件）	30	存货总成本（元）		600
8	交货时间（天）	10	经济订货量占用资金（元）		1 500
9	每日耗用量（元）	10			
10	单价（元）	10			
11	存货决策（保险储备模型）计算表				
12	交货期的存货需求量及概率		与保险储备有关的总成本计算表		
13	需求量	概率	保险储备	中间值	总成本
14	70	1%	0	3.1	148.8

	A	B	C	D	E
15	80	4%	0	3.1	148.8
16	90	20%	0	3.1	148.8
17	100	50%	0	3.1	148.8
18	110	20%	10	0.6	48.8
19	120	4%	20	0.1	44.8
20	130	1%	30	0	60
21	最小成本		44.8		
22	再订货点		120		

实训分析：存货的经济批量 $Q^* = 300$ 件、订货次数 $N^* = 12$ 次、再订货点 $R = 100$ 件、最佳订货周期 $t^* = 1$ 次/月、总成本 $TC(Q^*) = 600$ 元、经济订货量占用资金 $I^* = 1\,500$ 元。

不同保险储备下的总成本是不同的，当保险储备为 0 时，相关总成本为 148.8 元；保险储备为 10 件时，相关总成本为 48.8 元；保险储备为 20 件时，相关总成本为 44.8 元；保险储备为 30 件时，相关总成本为 60 元。应选择相关总成本最小即为 44.8 元时的保险储备 20 件，或者说应以 120 件为再订货点。

项目七　利润分配

任务一　利润分配的经济效果

【案例引入】

2011 年上市公司的利润分配方案

从 2011 年年报发布的预约安排看，中国石油、中国石化、工商银行、农业银行等超级大盘股均将在 2011 年 3 月发布 2010 年年报，早于往年。虽然大型上市公司的"提前"行动可能将更早对市场产生影响，但在 2010 年 A 股上市公司业绩整体增长已成定局的情况下，上市公司利润分配方案更加受到市场各方的关注。

除去目前已经暂停上市的 S＊ST 圣方，陕国投 A、精华制药与林海股份，分别给出了每 10 股派发现金红利 0.5 元、每 10 股派发现金红利 1 元外加以资本公积金向全体股东每 10 股转增 2.5 股、每 10 股派发现金股利 0.4 元的利润分配方案。

而更加吸引眼球的，乃是创业板市场中颇受关注且股价变动频繁的吉峰农机，这家曾经创造上市伊始三周股价翻番的公司，早在 1 月 12 日就宣布拟以资本公积金向全体股东每 10 股转增 8~10 股；而另一家创业板公司荃银高科也在近期公布拟以资本公积金向全体股东每 10 股转增 10 股，以满足新的行业注册资本金门槛要求。对此，两家公司股价短期内反应明显，吉峰农机在公布该计划后股价飙升近两成，而荃银高科股价也在本周以来逆势大涨超过 6%。

市场人士表示，若隐若现的高送转分配方案，可能会使得 A 股市场继续乐此不疲地对此炒作。信达证券首席策略分析师黄祥斌表示，在业绩预期明朗的情况下，高送转分配方案或将成为市场炒作游资"让股价飞"的由头。但上市公司能否在丰年过后通过合理的利润分配回馈投资者，仍然是 A 股市场的一大看点。

广发证券策略研究团队认为，研究显示，如果某个行业的估值很高，同时盈利预测可能被下调，那么这个行业遭受的将是双重打击。而东方证券一位高级研究人士对记者表示，如果今年货币流动性大幅度收缩，再加上成本上涨与价格管控导致的盈利减少，上市公司业绩有可能受到一定的影响。

不过，从近期 PMI 等先行指标看，在目前的国内外经济形势保持稳定增长的大格局下，特别是在中国外贸、投资与消费这"三驾马车"并未明显减速的情况下，新一年国内宏观经济基本面中可能仅有通胀成为变量。对此，有分析人士表示，投资者需要密切关注投资研究机构对上市公司 2011 年盈利预测的变化，一般而言，盈利预测会在年报公布后密集调整，这将对上市公司目前的估值水平起到很大影响。

请思考：利润分配怎样决定股票的价格走势？

【能力目标】

能对利润进行分配且能分析不同的利润分配方案下的经济效果。

【知识目标】

1. 掌握利润分配的内容和顺序。
2. 掌握利润分配的经济效果。

【实训项目】

一、实训项目资料及要求

EE 公司 2010 年终利润分配前的有关资料，如下表所示：

项目	数额
上年未分配利润（万元）	1 000
本年度税后利润（万元）	2 000
股本（万元）	500
资本公积（万元）	100
盈余公积（含公益金）（万元）	400
所有者权益合计（万元）	4 000
每股市价（元）	40
每股面值（元）	1

该公司决定：本年按规定比例 15% 提取盈余公积（含公益金），发放股票股利 10%（即股东每持 10 股可得 1 股），并且按发放股票股利后的股数派发现金股利，每股 0.1 元。

要求：假设股票每股市价与每股账面价值成正比例关系，计算利润分配后预计的每股市价。

二、实训项目知识链接

按照我国《公司法》的规定，公司利润分配的项目包括法定公积金和股利（向投资者分配的利润）。

按《公司法》的有关规定，公司向股东（投资组合）分派股利（分配利润）的顺序如下：

第一，计算可供分配的利润。

第二，计提法定公积金。

第三，计提任意公积金。

第四，向股东（投资者）支付股利（分配利润），股利的支付方式有多种，常见的有现金股利和股票股利。

三、实训步骤

打开实训 8 的工作簿中的工作表，在相应单元格中输入原始数据。

参考下表，利用相应公式或函数在单元格中进行计算。

单元格	公式或函数	单元格	公式或函数
B18	= B5 * B11	B19	= B8 + B18
B20	= B10 * B15 * B12	B21	= B6 + B14 * B15 * B12
B22	= （B10 - B14）* B15 * B12	B23	= B7 + B22
B24	= B15 * （1 + B12）* B13	B25	= B4 + （B5 - B18 - B20 - B24）
B26	= B10/（B9/B15）	B27	= （B21 + B23 + B19 + B25）/（B21/B14）
B28	= B27 * B26		

四、实训项目解决方案及分析

实训结果如下表所示：

	A	B
16	输出值	
17	项目	金额
18	1. 提取盈余公积（万元）	300
19	盈余公积余额（万元）	700
20	2. 股票股利（万元）	2 000
21	股本余额（万元）	550
22	3. 股本溢价（万元）	1 950
23	资本公积余额（万元）	2 050
24	4. 现金股利（万元）	55
25	未分配利润余额（万元）	645
26	5. 每股市价与每股账面价值之比	5
27	分配后每股账面价值（万元）	7.17
28	6. 预计分配后每股市价（万元）	35.86

实训分析：利润分配后预计每股市价为 35.86 元。

任务二 股利政策选择

【案例引入】

用友股份的"高派现"股利政策是福是祸？

北京用友软件股份有限公司于 2001 年 5 月 18 日上市，上市当日开盘价就为每股 76 元，已经比发行价每股 36.68 元高出 2 倍有余，当日最高更是创下了每股 100 元的辉煌价格，并以每股 92 元报收，创出中国股市新股上市首日最高的收盘价。

2002 年 4 月 28 日，用友软件再次吸引了人们的眼球——股东大会审议通过 2001 年度分配方案为 10 股派 6 元（含税），共计派发现金股利 6 000 万元。刚刚上市一年即大比例分红，一时之间市场上众说纷纭，董事长王文京更是由于其大股东的地位成为旋涡中心。因为按照王文京对用友软件的持股比例 73.6% 推算，他可以从这次股利派现中分得 3 312 万元，收回了 60% 的投资。

究竟这样高额的现金股利发放是在一个什么样的情况下酝酿出炉的，出于什么样的目的，是否符合用友软件的企业发展思路，是否具有大股东套现的嫌疑呢？

高派现故事尚未结束，余震未了的 2003 年 4 月底，用友再次公布高派现年报，这在外界看来，用友似乎又一次把自己置于证券市场的地震中心地带。

2002 年年报显示，每股收益 0.93 元，净资产收益率 8.86%，净利润总额 9 160 万元，继 2002 年实施每 10 股派 6 元之后，2003 年再次推出每 10 股派 6 元并转增 2 股的分配预案，用友两年派现累计达 12 000 元。具体来讲，2001 年净利润 7 040 万元中有八五成用于派现；2002 年净利润 9 160 万元中近七成用于派现。2001 年用友年报公布后，股价出现大跌，二级市场投资者的预期化为泡影。2002 年年报公布后，市场还是用脚投票，连跌数日。

用友这种"高派现"的股利政策到底是福是祸？还请你思考一下公司的股利分配政策会受哪些因素影响？

【能力目标】

能对不同股利政策下的股利分配方案进行分析决策。

【知识目标】

1. 掌握股利分配中的股利理论和股利分配政策。
2. 进一步熟悉逻辑函数的使用。
3. 掌握组合框的使用。

【实训项目】

一、实训项目资料及要求

广州百泰公司 2008 年发行在外的普通股共 100 万股，净资产 200 万元，其中股本 100 万元，资本公积 50 万元，留存收益 50 万元。当年每股支付 1 元股利，预计未来 5 年的税后利润和需要追加的资本性支出如下表所示：

年份	1	2	3	4	5
税后利润（万元）	100	300	180	220	230
资本支出（万元）	300	200	300	200	150

假设公司目前没有负债并希望逐步增加负债的比重，但是资产负债率不能超过30%。筹资时优先采用内部筹资，其次是长期借款，必要时增发普通股。假设上表给出的税后利润可以涵盖增加借款的利息，并不考虑所得税的影响。如果要增发普通股，股份每股面值1元，预计发行价格每股2元，假设增发的股份当年不需要支付股利，下一年开始发放股利。

要求：

1. 若公司采取剩余股利政策，计算各年需要增加的借款和股权资金？
2. 若公司维持目前的股利水平，计算各年需要增加的借款和股权资金？
3. 若公司未来5年保持50%的股利支付率，计算各年需要增加的借款和股权资金？

二、实训项目知识链接

（一）股利理论

在股利分配对公司价值的影响这一问题上，存在不同观点，主要有：

1. 股利无关论。

股利无关论建立在一些假定之上，认为股利分配对公司的市场价值（或股票价格）不会产生影响，投资组合并不关心公司股利的分配，股利的支付比率不影响公司的价值。

2. 股利相关论。

股利相关论认为在现实生活中，不存在无关论提出的假定前提，公司的股利分配是在种种制约因素下进行的，公司不可能摆脱这些因素的影响，公司的股利分配对公司市场价值有影响。影响因素包括：

（1）法律限制。

为保护债权人和股东的利益，有关法规对公司的股利分配经常会做资本保全、企业积累、净利润和超额累积利润等方面的限制。

（2）经济限制。

股东从自身经济利益需要出发，对公司的股利分配往往产生要求支付稳定股利、避税或避免控制权稀释等影响。

（3）财务限制。

从公司的不同财务情况，如盈余稳定性、资产流动性、举债能力、投资机会、资本成本和债务需要等会限制股利分配。

（4）其他限制。

债务合同约束以及通货膨胀等都会影响股利分配。

（二）股利政策

支付给股东的盈余与留在企业的保留盈余存在着此消彼长的关系，股利分配既决定给股东分配多少红利，也决定有多少净利留在企业。减少股利分配会增加保留盈余，减少外部筹资需求，所以股利政策也是内部筹资决策。

1. 剩余股利政策。

剩余股利政策是指在公司有着良好的投资机会时，根据一定的目标资本结构（最佳资本结构）测算出投资所需的权益资本，先从盈余当中留用，然后将剩余的盈余作为股利予以分配。这样做的根本理由是为了保持理想的资本结构，使加权平均资本最低。

2. 固定或持续增长的股利政策。

这一股利政策是将每年发放的股利在某一固定的水平上并在较长的时期内不变，只有当公司认为未来盈余会显著地、不可逆转地增长时，才提高年度的股利发放额。

由于股票市场会受多种因素的影响，其中包括股东的心理状态和其他要求，所以稳定的股利向市场传递着公司正常发展的信息，稳定股票的价格，同时还有利于投资者安排股利收入和支出。但该股利政策使股利的支付与盈余相脱节，当盈余较低时仍要支付固定的股利，这可能导致资金短缺，财务状况恶化，同时不能像剩余股利政策那样保持较低的资本成本。

3. 固定股利支付率政策。

固定股利支付率政策是公司确定一个股利占盈余的比率，长期按此比率支付股利的政策。主张实行固定股利支付率的人认为，这样做能使股利与公司盈余紧密地配合，以体现多盈多分、少盈少分、无盈不分的原则，才算真正公平地对待了每一位股东。但在这种政策下各年的股利变动较大，极易造成公司不稳定的感觉，对于稳定股票价格不利。

4. 低正常股利加额外股利政策。

该股利政策是公司一般情况下每年只支付固定的、数额较低的股利；在盈余多的年份，再根据实际情况向股东发放额外股利。这种政策使公司具有较大的灵活性，当公司盈余较少或投资需用较多资金时，可维持设定的较低但正常的股利，股东不会有股利跌落感；而当盈余有较大幅度增加时，则可适度增发股利，把经济繁荣的部分利益分配给股东，使他们增强对公司的信息，有利于稳定股票的价格。同时可使那些依靠股利度日的股东每年至少可以得到虽然较低，但比较稳定的股利收入，从而吸引住这部分股东。

三、实训步骤

打开实训 8 的工作簿中的"股利政策选择"工作表，在相应单元格中输入原始数据，如下表所示：

	A	B	C	D	E	F	G	H
1	股利政策选择及内部筹资模型							股利政策选择
2	预计未来 5 年的税后利润和需要追加的资本性支出							剩余股利政策
3	年份	1	2	3	4	5		固定股利政策
4	税后利润（万元）	100	300	180	220	230		固定股利支付率政策
5	资本支出（万元）	300	200	300	200	150		
6	目前每股股利（元）	1						
7	资产负债率限定值	30%						
8	每股面值（元）	1						
9	增发预计发行价格（元）	2						
10	股利支付率	50%						
11	股利政策选择	固定股利支付率政▼						

在单元格 H2：H4 中分别填入"剩余股利政策"、"固定股利政策"和"固定股利支付率政策"。

建立"股利政策"的组合框控件：单击"开发工具"栏，在"插入"下拉菜单中选择"表单控件"中的"组合框（窗体控件）"，当光标变成"十"字，从单元格 B11 的左上角拖到右下角。右击单元格 B11 的组合框，然后单击小菜单上的"设置控件格式"。单击"控制"选项卡，在"数据源区域"的编辑框中输入"H2：H4"，在"单元格链接"的编辑框中输入"B11"，表示组合框控件当前被选中项目按项目内部编号返回"1"表示"剩余股利政策"，"2"表示"固定股利政策"，"3"表示"固定股利支付率政策"。

这样就建立起"股利政策选择及内部筹资模型"。通过选择单元格 B11 的组合框控件中的不同股利政策，就可以分析计算出企业在不同股利政策下每年发放的股利以及内部筹资和外部筹资金额。

为防止误操作对单元格区域"H2：H4"中数据的改动，可以将 H 列隐藏起来。选定 H 列，点击右键，在小菜单中选择"隐藏"命令，则 H 列就被隐藏起来。若要再显示 H 列，可以选择"取消隐藏"命令即可。

参考下表，利用相应公式或函数在单元格中进行计算。

单元格	公式或函数
A13	$= IF(B11=1,H2,IF(B11=2,H3,H4))$
C15：G15	$\{= B4:F4\}$数组公式
C16：G16	$\{= B5:F5\}$数组公式
C17：G17	$\{= IF(B11=1,IF(C15:G15>=C16:G16,C15:G15-C16:G16,0),IF(B11=2,B22:F22*B6,C15:G15*B10))\}$数组公式
C18：G18	$\{= B18:F18+C16:G16\}$数组公式
C19：G19	$\{= B19:F19+C27:G27\}$数组公式
C20：G20	$\{= C21:G21+C23:G23+C24:G24\}$数组公式
C21：G21	$\{= C22:G22*B8\}$数组公式
C22：G22	$\{= B22:F22+C29:G29\}$数组公式
C23：G23	$\{= B23:F23+C29:G29*(B9-B8)\}$数组公式
C24：G24	$\{= B24:F24+C15:G15-C17:G17\}$数组公式
C25：G25	$= IF((C15:G15-C17:G17)>=C16:G16,C16:G16,C15:G15-C17:G17)\}$数组公式
C26：G26	$\{= IF(C16:G16>=C25:G25,C16:G16-C25:G25,0)\}$数组公式
C27：G27	$\{= IF(C26:G26/C18:G18>=B7,C18:G18*B7,C26:G26)\}$数组公式
C28：G28	$\{= C26:G26-C27:G27\}$数组公式
C29：G29	$\{= C28:G28/B9\}$数组公式

四、实训项目解决方案及分析

1. 剩余股利政策实训结果如下表所示：

	A	B	C	D	E	F	G
13	剩余股利政策						
14	年份	0	1	2	3	4	5
15	税后利润（万元）		100	300	180	220	230
16	需要资本支出（万元）		300	200	300	200	150
17	股利（万元）		0	100	0	20	80
18	资产	200	500	700	1 000	1 200	1 350
19	负债	0	150	150	270	270	270
20	所有者权益	200	350	550	730	930	1 080
21	股本	100	125	125	125	125	125
22	普通股股数（万股）	100	125	125	125	125	125
23	资本公积	50	75	75	75	75	75
24	留存收益	50	150	350	530	730	880
25	内部筹资：留存收益补充资金（万元）		100	200	180	200	150
26	外部筹资：总额		200	0	120	0	0
27	长期借款		150	0	120	0	0
28	增发股权资金（万元）		50	0	0	0	0
29	增发股数（万股）		25	0	0	0	0

2. 固定股利政策实训结果如下表所示：

	A	B	C	D	E	F	G
13	固定股利政策						
14	年份	0	1	2	3	4	5
15	税后利润（万元）		100	300	180	220	230
16	需要资本支出（万元）		300	200	300	200	150
17	股利（万元）		100	175	175	175	175
18	资产	200	500	700	1 000	1 200	1 350
19	负债	0	150	225	520	675	770
20	所有者权益	200	350	475	480	525	580
21	股本	100	175	175	175	175	175
22	普通股股数（万股）	100	175	175	175	175	175
23	资本公积	50	125	125	125	125	125
24	留存收益	50	50	175	180	225	280
25	内部筹资：留存收益补充资金（万元）		0	125	5	45	55
26	外部筹资：总额		300	75	295	155	95
27	长期借款		150	75	295	155	95
28	增发股权资金（万元）		150	0	0	0	0
29	增发股数（万股）		75	0	0	0	0

3. 固定股利支付率政策实训结果如下表所示：

	A	B	C	D	E	F	G
13	固定股利支付率政策						
14	年份	0	1	2	3	4	5
15	税后利润（万元）		100	300	180	220	230
16	需要资本支出（万元）		300	200	300	200	150
17	股利（万元）		50	150	90	110	115
18	资产	200	500	700	1 000	1 200	1 350
19	负债	0	150	200	410	500	535
20	所有者权益	200	350	500	590	700	815
21	股本	100	150	150	150	150	150
22	普通股股数（万股）	100	150	150	150	150	150
23	资本公积	50	100	100	100	100	100
24	留存收益	50	100	250	340	450	565
25	内部筹资：留存收益补充资金（万元）		50	150	90	110	115
26	外部筹资：总额		250	50	210	90	35
27	长期借款		150	50	210	90	35
28	增发股权资金（万元）		100	0	0	0	0
29	增发股数（万股）		50	0	0	0	0

　　实训分析：根据以上实训结果可知，在不同的股利政策下，企业每年发放的股利有区别，同时也影响了企业的保留盈余，导致每年的外部筹资金额有区别。固定股利政策下每年发放的股利与其他股利政策下的每年发放的股利相比来说较均衡。剩余股利政策下每年的外部筹资额相对其他股利政策下每年的外部筹资额要少。剩余股利支付率政策体现了多盈多分，少盈少分的原则。

项目八　财务分析

任务一　财务比率分析

【案例引入】

华能国际在行业处于领先地位的原因分析

华能国际（股票代码 600011）成立于 1994 年 6 月 30 日，同年 10 月，在全球首次公开发行 12.5 亿股境外上市外资股，并以 3125 万股美国存托股份形式在纽约证券交易所上市，1998 年 1 月该公司外资股在香港上市，2001 年 11 月在国内发行 3.5 亿 A 股，其中流通股 2.5 亿股，目前总股本 120 亿股。

在过去的几年中，华能国际通过项目开发和资产收购不断扩大经营规模，保持盈利稳定增长。拥有的总发电装机容量 31 747 兆瓦。华能国际在境内全资拥有 17 家营运电厂，控股 13 家营运电力公司，参股 5 家营运电力公司，其发电厂设备先进，高效稳定，广泛分布于中国 12 个省和 2 个直辖市，此外在新加坡全资拥有一家营运电力公司，已成为中国最大的独立的发电公司之一。

该公司 2009 年第三季度营业收入 5 667 750 万元，净利润 413 061 万元，净利润增长率为 71.22%，行业平均净利润增长率为 68.52%，净资产收益率 10.38%，行业平均值为 3.71%，总资产 18 844 633 万元，总资产收益率 2.4%，至第三季度每股收益 0.34 元。无论是从企业规模，还是从营业收入持续增长，净利润增长及企业竞争力方面看，该公司一直保持行业领先水平。

如何一个企业的经营状况和经济效益，从根本上讲，都取决于企业营运资产的利用及其能力。华能国际之所以在行业中处于领先地位，通过分析其资产利用效率可以给出答案。该公司应收账款周转率 7.64 次，存货周转率 10.52 次，总资产周转率 0.32 次，这些指标都远远高于行业的平均水平，表明该公司具有较高的资产利用效率。

（张先治、陈友邦主编：《财务分析》，东北财经大学出版社 2010 年版，第 192 页）

【能力目标】

1. 能计算主要的财务指标。
2. 能分析企业财务状况、经营成果，且预测未来发展。

【知识目标】

1. 掌握利用函数和公式进行主要财务指标的计算。
2. 掌握对企业财务状况及经营成果的分析评价和预测未来发展趋势方法。

【实训项目】

一、实训项目资料及要求

广州百泰从 2009～2011 年三年来的资产负债表和利润表及其他数据如下表所示，要求：计算该上市公司 3 年的有关财务比率（见表 8-1、表 8-2、表 8-3）。

表 8-1

项目	2011. 12. 31	2010. 12. 31	2009. 12. 31
总股本（股）	2 000 000 000	2 000 000 000	2 000 000 000
每股市价	4	9	5

表 8-2 广州百泰利润表

编制单位：广州百泰 单位：元

项目	2011	2010	2009
一、营业收入	12 434 496 586	10 829 217 524	10 583 136 277
减：营业成本	10 848 709 724	9 300 804 753	8 894 333 133
营业税金及附加	216 791 503	200 684 900	132 096 837
销售费用	741 324 439	691 029 166	572 079 533
管理费用	510 949 684	470 951 362	429 467 989
财务费用	39 580 356	30 177 305	465 348
资产减值损失	64 920 533	34 628 978	16 854 688
加：公允价值变动净收益	-13 718 203	-31 236 986	41 958 227
投资净收益	393 881 329	476 399 954	40 783 851
二、营业利润	392 383 473	546 104 028	620 580 827
加：营业外收入	54 559 473	14 887 011	10 886 764
减：营业外支出	17 120 525	8 011 619	12 124 968
三、利润总额	429 822 421	552 979 420	619 342 623
减：所得税	15 212 839	41 391 945	69 230 379
四、净利润	414 609 582	511 587 475	550 112 244

表 8-3 广州百泰资产负债表

编制单位：广州百泰 单位：元

资产	2011. 12. 31	2010. 12. 31	2009. 12. 31	负债及所有者权益	2011. 12. 31	2010. 12. 31	2009. 12. 31
流动资金：				流动负债：			
货币资金	2 451 272 357	3 581 271 148	3 970 583 916	短期借款	242 500 000	593 138 773	793 826 257
交易性金融资产	10 155 117	37 231 561	111 290 767	交易性金融负债			

资产	2011.12.31	2010.12.31	2009.12.31	负债及所有者权益	2011.12.31	2010.12.31	2009.12.31
应收票据	1 407 114 781	1 297 147 465	1 503 799 556	应付票据	2 164 533 336	2 015 352 143	1 979 722 924
应收账款	716 224 368	499 064 686	675 122 175	应付账款	2 202 874 215	2 209 068 816	2 276 582 555
预付账款	151 104 345	197 243 549	110 296 848	预收账款	377 368 274	374 354 202	310 400 041
应收利息	4 628 050	6 435 599	10 091 492	应付职工薪酬	73 081 735	65 128 810	71 864 985
应收股利	1 100			应交税费	(207 363 539)	1 403 908	43 584 013
其他应收款	185 495 720	78 792 004	129 763 017	应付利息	2 554 898	2 906 162	5 639 959
存货	2 427 265 590	1 944 328 552	1 710 641 126	应付股利			
一年内到期的非流动资产				其他应付款	358 761 412	398 405 488	429 523 302
其他流动资产		100 000 000		一年内到期非流动负债			
流动资产合计	7 353 261 428	7 741 514 564	8 221 588 897	其他流动负债			
非流动资产：				流动负债合计	5 214 310 331	5 659 758 302	5 911 144 036
可供出售金融资产				非流动负债：			
持有至到期投资			38 548 000	长期借款			
长期应收款				应付债券			
长期股权投资	956 494 430	1 104 504 766	56 150 589	长期应付款			450 808
投资性房地产	22 056 844	21 811 112	1 712 244 732	专项应付款	816 932	609 341	150 000
固定资产	1 730 668 589	1 644 887 871	190 249 414	递延所得税负债	12 908 706	10 605 853	3 820 721
在建工程	247 743 983	190 837 816	284 113 847	其他非流动负债	22 621 575	15 708 327	18 669 458
工程物资				递延所得税负债	38 446 983		
固定资产清理				非流动负债合计	74 794 196	26 923 521	23 090 987
生物性资产				负债合计	5 289 104 527	5 686 681 823	5 934 235 023
油气资产							
无形资产	354 708 425	123 652 452	155 115 250	所有者权益			
科研开发支出				股本	2 000 000 000	2 000 000 000	2 000 000 000
商誉	309 868 491	309 868 491	309 868 491	资本公积	638 393 600	638 393 600	638 480 812
长期待摊费用			56 893 610	盈余公积	599 197 577	576 838 368	526 751 453
递延所得税资产	139 413 494	102 426 330	132 042 162	未分配利润	2 587 519 980	2 337 589 611	2 057 347 704
其他非流动资产				少数股东权益			
非流动资产合计	3 760 954 256	3 497 988 838	2 935 226 095	所有者权益合计	5 825 111 157	5 552 821 579	5 222 579 969
资产合计	11 114 215 684	11 239 503 402	11 156 814 992	负债和所有者权益合计	11 114 215 684	11 239 503 402	11 156 814 992

二、实训项目知识链接

（一）短期偿债能力比率

1. 流动比率。

流动比率是全部流动资产与流动负债的比值，其计算公式如下：

$$流动比率 = \frac{流动资产}{流动负债}$$

流动比率假设全部流动资产都可以用于偿还短期债务，表明每1元流动资产有多少流动负债作为偿债的保障。不存在统一的、标准的流动比率数值，不同行业的流动比率，通常有明显差别，营业周期越短的行业，合理的流动比率越低。过去长期以来，人们认为生产型企业合理的最低流动比率是2，但最近几十年，企业的经营方式和金融环境发生很大变化，流动比率有降低的趋势。

2. 速动比率。

速动比率是速动资产与流动负债的比值。速动资产是指几乎可以立即变现用来偿付流动负债的那些资产，一般指排除存货之外的流动资产，包括货币资金、交易性金融资产、应收票据、应收账款、应收利息、应收股利、其他应收款、一年内到期的非流动资产和其他流动资产，其计算公式如下：

$$速动比率 = \frac{速动资产}{流动负债} = \frac{流动资产 - 存货等}{流动负债}$$

不同行业的速动比率有很大差别，采用大量现金销售的商店，几乎没有应收账款，速动比率大大低于1是很正常的；相反，一些应收账款较多的企业，速动比率可能要大于1。

3. 现金比率。

速动资产中，流动性最强、可直接用于偿债的资产称为现金资产，包括货币资金、交易性金融资产等。

现金比率是现金资产与流动负债的比值，其计算公式如下：

$$现金比率 = \frac{现金资产}{流动负债} = \frac{货币资金 + 交易性金融资产}{流动负债}$$

（二）长期偿债能力比率

1. 资产负债率。

资产负债率是负债占资产总额的百分比，其计算公式如下：

$$资产负债率 = \frac{负债}{资产} \times 100\%$$

资产负债率反映总资产中有多大比例是通过负债取得的，它可以衡量企业在清算时保护债权人利益的程度。资产负债率越低，企业偿债越有保证，贷款越安全。资产负债率还代表企业的举债能力，资产负债率越低，举债就越容易。

2. 产权比率和权益乘数。

产权比率和权益乘数是资产负债率的另外两种表现形式，它们和资产负债率的性质一样，其计算公式如下：

$$产权比率 = \frac{负债总额}{股东权益}$$

产权比率表明1元股东权益借入的债务数额。

$$权益乘数 = \frac{总资产}{股东权益}$$

权益乘数表明1元股东权益拥有的总资产。

3. 利息保障倍数。

利息保障倍数是指息税前收益为利息费用的倍数，其计算公式如下：

$$利息保障倍数 = \frac{息税前收益}{利息费用} = \frac{净利润 + 利息费用 + 所得税费用}{利息费用}$$

通常可以用财务费用的数额作为利息费用，也可以根据报表附注资料确定更准确的利息费用数额。

利息保障倍数表明 1 元债务利息有多少倍的息税前收益作保障，它可以反映债务政策的风险大小。如果利息保障倍数小于 1，表明自身产生的经营收益不能支持现有的债务规模。利息保障倍数等于 1 也是很危险的，因为息税前收益受经营风险的影响，是不稳定的，而利息的支付却是固定数额。利息保障倍数越大，公司用于偿还利息的缓冲资金越多。

（三）资产管理比率

资产管理比率是衡量公司资产管理效率的财务比率，一般用周转速度来反映。周转速度可以用周转率（次数）和周转期（天数）来表示，其中：

$$周转期 = \frac{360}{周转率}$$

1. 应收账款周转速度。

应收账款周转率，表明应收账款 1 年中周转的次数，或者说明 1 元应收账款投资支持的营业收入。

$$应收账款周转率 = \frac{营业收入}{平均应收账款余额}$$

应收账款周转期，也称为应收账款的收现期，表明从销售开始到回收现金平均需要的天数。

$$应收账款周转期 = \frac{360}{应收账款周转率} = \frac{360}{营业收入/平均应收账款余额}$$

2. 存货周转速度。

为评估资产的变现能力需要计量存货转换为现金的数量和时间，存货周转率采用营业收入与存货的比值表示：

$$存货周转率 = \frac{营业收入}{平均存货余额}$$

$$存货周转期 = \frac{360}{存货周转率} = \frac{360}{营业收入/平均存货余额}$$

为评估存货管理的业绩，应使用营业成本与存货的比值表示存货周转率：

$$存货周转率 = \frac{营业成本}{平均存货余额}$$

$$存货周转期 = \frac{360}{存货周转率} = \frac{360}{营业成本/平均存货余额}$$

3. 流动资产周转速度。

$$流动资产周转率 = \frac{营业收入}{平均流动资产总额}$$

流动资产周转率，表明流动资产 1 年中周转的次数，或者说是 1 元流动资产所支持的营业收入。

$$流动资产周转期 = \frac{360}{流动资产周转率} = \frac{360}{营业收入/平均流动资产总额}$$

流动资产周转期表明流动资产周转一次所需要的时间，也就是期末流动资产转换成现金平均所需要的时间。

通常流动资产中应收账款和存货占绝大部分，因此它们的周转状况对流动资产周转具有决定性影响。

4. 总资产周转速度。

$$总资产周转率 = \frac{营业收入}{平均资产总额}$$

总资产周转率表明 1 元资产投资所产生的销售额，产生的销售额越多，说明资产的使用和管理效率越高。

$$总资产周转期 = \frac{360}{总资产周转率} = \frac{360}{营业收入/平均资产总额}$$

总资产周转期表示总资产周转一次所需要的时间，时间越短，总资产的使用效率越高，盈利性越好。

（四）盈利能力比率

1. 反映的是资本经营和资本经营盈利能力指标。

（1）总资产报酬率（资产所得率）。

总资产报酬率是指企业一定时期内获得的报酬总额与资产平均总额的比率。它表示企业包括净资产和负债在内的全部资产的总体获利能力，用以评价企业运用全部资产的总体获利能力，是评价企业资产运营效益的重要指标。其计算公式如下：

$$总资产报酬率 = \frac{息税前收益}{平均资产总额} \times 100\% = \frac{利润总额 + 利息支出}{平均资产总额} \times 100\%$$

总资产报酬率表示企业全部资产获取收益的水平，全面反映了企业的获利能力和投入产出状况。通过对该指标的深入分析，可以增强各方面对企业资产经营的关注，促进企业提高单位资产的收益水平。一般情况下，企业可据此指标与市场资本利率进行比较，如果该指标大于市场利率，则表明企业可以充分利用财务杠杆，进行负债经营，获取尽可能多的收益。该指标越高，表明企业投入产出的水平越好，企业的资产运营越有效。

（2）资产净利率（总资产收益率 ROA）：

资产净利率是指净利润与总资产的比率，它反映公司从 1 元受托资产中得到的净利润，其计算公式如下：

$$资产利润率 = \frac{净利润}{平均资产总额} \times 100\%$$

（3）权益净利率（净资产收益率 ROE）：

权益净利率是净利润与股东权益的比率，它反映 1 元股东资本赚取的净收益，可以衡量企业的总体盈利能力，其计算公式如下：

$$权益净利率 = \frac{净利润}{平均股东权益} \times 100\%$$

凡是财务比率的分子和分母，一个是期间流量数据，另一个是期末存量数据，在确定存量数据时可以有多种选择，主要可以使用期末数或使用期末与期初平均数。

2. 反映商品经营盈利能力指标。

反映商品经营盈利能力的指标有反映各种利润额与收入之间比率的收入利润率和反映各种利润额与成本之间比率的成本利润率，主要包括：

（1）营业毛利率

营业毛利率指营业收入与营业成本的差额与营业收入之间的比率，其计算公式如下：

$$营业毛利率 = \frac{营业毛利}{营业收入} \times 100\% = \frac{营业收入 - 营业成本}{营业收入} \times 100\%$$

（2）营业净利率（销售净利率）

营业净利率是指净利润与营业收入的比率，其计算公式如下：

$$营业净利率 = \frac{净利润}{营业收入} \times 100\%$$

它表明 1 元营业收入与其成本费用之间可以"挤"出来的净利润，该比率越大则企业的盈利能力越强。

3. 反映上市公司盈利能力的特殊指标。

由上市公司自身特点所决定，上市公司盈利能力除了可通过一般企业盈利能力的指标分析外，还可以进行一些特殊的分析。

（1）每股收益

每股收益是指每股发行在外的普通股所能分摊到的净收益额，是归属于普通股股东的当期净利润与发行在外的普通股股数之比，其计算公式如下：

$$基本每股收益 = \frac{净利润}{普通股股数}$$

（2）市净率

市净率指的是市价与每股净资产之间的比值，其计算公式如下：

$$市净率 = \frac{每股市价}{普通股每股净资产}$$

上市公司的每股内含净资产值高而每股市价不高的股票，即市净率越低的股票，意味着风险越低，其投资价值越高；相反，其投资价值就越小。但市价高于账面价值时企业资产的质量较好，有发展潜力，反之则资产质量差，没有发展前景。优质股票的市价都超出每股净资产许多，一般来说市净率达到 3 可以树立较好的公司形象。市价低于每股净资产的股票，就像售价低于成本的商品一样，属于"处理品"。

（3）市盈率（PE 或 P/E Ratio）

市盈率指股票的价格和每股收益的比值，反映普通股的市场价格与当期每股收益之间的关系，可用来判断企业股票与其他企业股票相比其潜在的价值。其计算公式如下：

$$市盈率 = \frac{每股市价}{每股收益}$$

投资者通常利用该比例值估量某股票的投资价值，一般认为该比率保持在 20～30 之间是正常的，理论上，股票的市盈率越低，代表投资者能够以较低价格购入股票以取得回报，股价低，风险小，越值得投资。过大则说明股价高，风险大，购买时应谨慎。但一般情况下，发展前景较好的企业通常都有较高的价格与收益比率，发展前景不佳的企业，这个比率较低。如果仅仅利用这一指标来分析企业的盈利能力，常常会错误地估计企业的发展前景，还必须结合其他指标综合考虑。

三、实训步骤

有关说明：由于只有三年数据，在计算 2011 年的财务比率时，确定存量数据使用期末数，计算 2010 年和 2011 年财务比率时，确定存量数据使用期末与期初平均数。存货周转率的计算有两种方法，其中：

$$存货周转率 A = \frac{营业收入}{平均存货余额} \qquad 存货周转率 B = \frac{营业成本}{平均存货余额}$$

打开项目八任务一的工作簿，点击"比率分析"工作表，参考表 8 - 4，利用相应公式或函数在单元格中进行计算。

表 8 - 4

单元格	公式或函数
B7	= 资产负债表！B16/资产负债表！F17
B8	= (资产负债表！B16 - 资产负债表！B13)/资产负债表！F17
B9	= (资产负债表！B5 + 资产负债表！B6)/资产负债表！F17
B11	= 资产负债表！F27/资产负债表！B36
B12	= 资产负债表！F27/资产负债表！F35
B13	= 资产负债表！B36/资产负债表！F35
B14	= (利润表！B16 + 利润表！B9)/利润表！B9
B16	= 利润表！B4/(资产负债表！B8 + 资产负债表！C8)＊2
B17	= 360/B16
B18	= 利润表！B4/(资产负债表！B13 + 资产负债表！C13)＊2
B19	= 360/B18
B20	= 利润表！B5/(资产负债表！B13 + 资产负债表！C13)＊2
B21	= 360/B20
B22	= 利润表！B4/(资产负债表！B16 + 资产负债表！C16)＊2
B23	= 360/B22
B24	= 利润表！B4/(资产负债表！B36 + 资产负债表！C36)＊2
B25	= 360/B24
B27	= (利润表！B16 + 利润表！B9)/(资产负债表！B36 + 资产负债表！C36)＊2
B28	= 利润表！B18/(资产负债表！B36 + 资产负债表！C36)＊2
B29	= 利润表！B18/(资产负债表！F35 + 资产负债表！G35)＊2
B30	= (利润表！B4 - 利润表！B5)/利润表！B4
B31	= 利润表！B18/利润表！B4
B32	= 利润表！B18/B4
B33	= B5/(资产负债表！F35/B4)
B34	= B5/B32
D16	= 利润表！D4/资产负债表！D8
D18	= 利润表！D4/资产负债表！D13

单元格	公式或函数
D20	= 利润表！D5/资产负债表！D13
D22	= 利润表！D4/资产负债表！D16
D24	= 利润表！D4/资产负债表！D36
D27	=（利润表！D16 + 利润表！D9）/资产负债表！D36
D28	= 利润表！D18/资产负债表！D36
D29	= 利润表！D18/资产负债表！H35

将单元格 B7:B9 的公式复制到 C7:C9 和 D7:D9。

将单元格 B11:B14 的公式复制到 C11:C14 和 D11:D14。

将单元格 B11:B14 的公式复制到 C11:C14 和 D11:D14。

将单元格 B16 的公式复制到 C16。

将单元格 B17 的公式复制到 C17 和 D17。

将单元格 B18 的公式复制到 C18。

将单元格 B19 的公式复制到 C19 和 D19。

将单元格 B20 的公式复制到 C20。

将单元格 B21 的公式复制到 C21 和 D21。

将单元格 B22 的公式复制到 C22。

将单元格 B23 的公式复制到 C23 和 D23。

将单元格 B24 的公式复制到 C24。

将单元格 B25 的公式复制到 C25 和 D25。

将单元格 B27:B29 的公式复制到 C27:D29。

将单元格 B30:B34 的公式复制到 C30:C34 和 D30:D34。

四、实训项目解决方案及分析

实训结果如表 8 - 5 所示。

表 8 - 5

	A	B	C	D
1	项目	2011	2010	2009
6	一、短期偿债能力比率			
7	1. 流动比率	1.41	1.37	1.39
8	2. 速动比率	0.94	1.02	1.10
9	3. 现金比率	0.47	0.64	0.69
10	二、长期偿债能力比率			
11	1. 资产负债率	47.59%	50.60%	53.19%
12	2. 产权比率	0.91	1.02	1.14
13	3. 权益乘数	1.91	2.02	2.14
14	4. 利息保障倍数	11.86	19.32	1 331.92

A		B	C	D
15	三、资产管理比率			
16	1. 应收账款周转率	20.46	18.45	15.68
17	应收账款周转天数	17.59	19.52	22.97
18	2. 存货周转率 A	5.69	5.93	6.19
19	存货周转天数 A	63.28	60.75	58.19
20	存货周转率 B	4.96	5.09	5.20
21	存货周转天数 B	72.53	70.74	69.24
22	3. 流动资产周转率	1.65	1.36	1.29
23	流动资产周转天数	218.51	265.33	279.67
24	4. 总资产周转率	1.11	0.97	0.95
25	总资产周转天数	323.59	372.26	379.51
26	四、盈利能力比率			
27	1. 总资产报酬率	4.20%	5.21%	5.56%
28	2. 总资产收益率 ROA	3.71%	4.57%	4.93%
29	3. 净资产收益率 ROE	7.29%	9.50%	10.53%
30	4. 营业毛利率	12.75%	14.11%	15.96%
31	5. 营业净利率	3.33%	4.72%	5.20%
32	6. 每股收益	0.2073	0.2558	0.2751
33	7. 市净率	1.37	3.24	1.91
34	8. 市盈率	19.30	35.18	18.18

任务二　财务报表分析

【案例引入】

"恒泰芒果"的报表粉饰

海南恒泰芒果产业股份有限公司（简称"恒泰芒果"），于 1997 年 6 月上市，股票代码：600097，主营业务是芒果和西番莲鲜果、原浆、预料及制品的生产与销售，"园之梦"是该公司主要产品的品牌。上市之初属于一家次新股，当年每股收益达 0.50 元，净资产收益率为 16.02%，属绩优股无疑。而据招股书预测，其 2 亿多募股资金的投入项目全部建成后（主要是扩大生产芒果汁和芒果的综合利用），1998 年将新增利润 3 664 万元，1990 年增至 6 070 余万元，2000 年更达到 11 200 万元，以后正常年份净利润为 11 400 万元；谁知盈利预测言犹在耳，1998 年就大为不妙，全年净利润仅 1 062 万元，每股收益仅 0.09 元，1999 年中期更出现 3 810 万元的经营亏损，如今，全年又预报重大亏损。2000 年、2001 年预亏，2001 年积极筹备重组，被第一大股东浙江华立电力科技开发股份有限公司收购。2001 年 9 月 17 日，公司变更注册地址，更名为"浙江华立科技股份有限公司"，公司股票代码保持不变，股票简称暂时保持不变，仍为"ST 恒泰"。

1998 年"恒泰芒果"公司投入了大量资金进行宣传，当年为"园之梦"品牌及其产品的推销所支付的广告费达 12 175.63 万元，按有关合约规定，其中的 5 751.08 万元由母公司承担。1998 年受市场及环境恶化的影响，"恒泰芒果"经营业绩大幅度下降。于是，公司将其承担的 6 424.65 万元巨额广告费用列为长期待摊费用，并确认其摊销期为五年。该项费用未计入 1998 年度损益。为此，会计师事务所对该公司 1998 年的财务会计报告出具了有保留意见的审计报告。

"恒泰芒果"的做法有哪些不妥？可以如何通过财务报表的分析来衡量企业的经营成果？如何来判断企业是否盈利？为什么会没有盈利？是什么影响了企业盈利？

（张先治、陈友邦主编：《财务分析》，东北财经大学出版社 2010 年版，第 128 页）

【能力目标】

1. 能编制水平分析表和垂直分析表。
2. 能对财务报表进行分析。

【知识目标】

1. 掌握水平分析表和垂直分析表的编制方法。
2. 掌握"粘贴链接"的功能，使工作表之间的数据相互链接。
3. 利用画图工具掌握饼图、柱状图、折线图的画法，根据其进行实训分析。

【实训项目】

一、实训项目资料及要求

1. 请根据广州百泰 2011 年、2010 年的资产负债表和利润表（同任务一）编制水平分析表，并结合画图反映流动资产变动情况，进行会计报表分析。

2. 请根据广州百泰 2011 年、2010 年的资产负债表和利润表（同任务一）编制垂直分析表，并结合画图反映流动资产结构，进行会计报表分析。

3. 某公司 2008～2011 年利润表资料如表 8－6 所示，请以 2008 年为基期，分别计算以后各年某项指标与 2008 年该项指标的百分比，并结合画图反映相关指标变化趋势，进行会计报表分析。

表 8－6　　　　　　　　　　　某公司利润表

项目	编制单位：某公司		单位：元	
	2008	2009	2010	2011
一、营业收入	8 832 261 873	10 583 136 277	10 829 217 524	12 434 496 586
减：营业成本	7 481 539 203	8 894 333 133	9 300 804 753	10 848 709 724
营业税金及附加	59 380 205	132 096 837	200 684 900	216 791 503
销售费用	524 672 012	572 079 533	691 029 166	741 324 439

续表

项目	2008	2009	2010	2011
管理费用	364 816 186	429 467 989	470 951 362	510 949 684
财务费用	716 858	465 348	30 177 305	39 580 356
资产减值损失	265 598	16 854 688	34 628 978	64 920 533
加：公允价值变动净收益	4 578 655	41 958 227	− 31 236 986	− 13 718 203
投资净收益	− 8 194 786	40 783 851	476 399 954	393 881 329
二、营业利润	397 255 680	620 580 827	546 104 028	392 383 473
加：营业外收入	6 636 270	10 886 764	14 887 011	54 559 473
减：营业外支出	17 073 866	12 124 968	8 011 619	17 120 525
三、利润总额	386 818 084	619 342 623	552 979 420	429 822 421
减：所得税	54 576 470	69 230 379	41 391 945	15 212 839
四、净利润	332 241 614	550 112 244	511 587 475	414 609 582

二、实训项目知识链接

（一）水平分析法

水平分析法是将反映企业分析期财务状况的信息（特别指会计报表信息资料）与反映企业前期或历史某一时期财务状况的信息进行对比，研究企业各项经营业绩或财务状况的发展变动情况的一种财务分析方法。水平分析法所进行的对比，一般而言，不是指单指标对比，而是对反映某方面情况的报表进行全面、综合对比分析，尤其在对会计报表分析中应用较多。

对比的方式有以下几种：

（1）变动额（差异数），其计算公式如下：

变动额 = 分析期值 − 基期值

（2）变动率，其计算公式如下：

$$变动率 = \frac{变动额}{基期值} \times 100\%$$

资产负债表水平分析的依据是资产负债表，通过采用水平分析法，将资产负债表的实际数与选定的标准进行比较，编制出资产负债表水平分析表，在此基础上进行分析评价。通过对企业各项资产、负债和所有者权益的对比分析，揭示企业筹资与投资过程的差异，从而分析与揭示企业生产经营活动、经营管理水平、会计政策及会计变更对筹资与投资的影响。

资产负债表水平分析除了要计算某项目的变动额和变动率外，还应计算出该项目变动对总资产或负债和所有者权益总额的影响程度，以便确定影响总资产或负债和所有者权益总额的重点项目，为进一步分析指明方向。其计算公式如下：

$$\frac{某项目变动对总资产（负债}{和所有者权益总额）的影响} = \frac{某项目的变动额}{基期总资产（负债和所有者权益总额）} \times 100\%$$

利润表水平分析，是从利润的形成角度，反映利润额的变动情况，揭示企业在利润形成过程中的管理业绩及存在的问题。

（二）垂直分析

垂直分析的基本点是通过计算报表中各项目占总体的比重或结构，反映报表中的项目与总体关系情况及其变动情况。

计算公式如下：

$$某项目的比重 = \frac{该项目金额}{各项目总金额} \times 100\%$$

资产负债表垂直分析通过计算资产负债表各项目占总资产或权益总额的比重，分析评价资产结构和权益结构的合理程度及企业资产结构与资本结构的适应程度。通常分析从静态角度和动态角度两方面进行。从静态角度就是以分析期资产负债表为分析对象，分析评价其实际构成情况。从动态角度分析就是将分析期构成与选定的标准进行对比分析，对比的标准可以是上期实际数、分析期预算数、同行业的平均数或可比企业的实际数等。

利润表垂直分析是通过计算各因素或各种财务成果在营业收入中所占的比重，分析说明财务成果的结构及其增减变动的合理程度。

（三）趋势分析

趋势分析是根据企业连续几年或几个时期的分析资料，运用指数或完成率的计算，确定分析期各有关项目的变动情况和趋势的一种财务分析方法。

趋势分析法通常计算趋势百分比，其计算公式如下：

$$趋势百分比 = \frac{分析期值}{基期值} \times 100\%$$

计算趋势百分比使用的方法有两种：定比分析和环比分析。定比是选定某一会计期间作为基期，然后将其余各期与基期进行比较，从而通过计算得到趋势百分比。环比是将各项目的本期数与上期数相比得到趋势百分比。

三、实训步骤

1. 打开项目八任务二的工作簿中的"资产负债表"工作表，选择单元格区域 B5：C13，单击鼠标右键选择"复制"。切换到"水平分析"工作表，选择单元格 B5，单击鼠标右键选择"选择性粘贴"命令，然后在生成的对话框中点击"粘贴链接"选项，这样就在"水平分析"工作表中粘贴了相关数据，而且让工作表之间的数据能够互相链接，如果"资产负债表"工作表中的数据有所更改，那么"水平分析"工作表中的相对数据也跟着变动，可以节省日后更正数据的时间，并避免错误的发生。

用同样的方法将"资产负债表"和"利润表"工作表中的其他数据粘贴链接到"水平分析"和"垂直分析"工作表。

2. 在"水平分析"工作表中，参考表 8 - 7，利用相应公式或函数在单元格中进行计算。

表 8 – 7

单元格	公式或函数
D5	= B5 – C5
E5	= D5/C5
F5	= D5/\$C\$25

将 D5 单元格的公式复制到 D6：D15、D17：D25、D27：D35、D44：D49 和 D53：D67。

将 E5 单元格的公式复制到 E6：E15、E17：E25、E27：E35、E44：E49 和 E53：E67。

将 F5 单元格的公式复制到 F6：F15、F17：F25、F27：F35 和 F44：F49。

画图反映 2011 年"流动资产"的变动情况：在"插入"选项卡中"图表"数据组中点击"柱形图"，选择"二维柱形图"中的"簇状柱形图"，出现空白图标区。将光标置于空白图标区内，在"设计"选项卡的"数据"数据组中点击"选择数据"，弹出"选择数据源"窗体。点击"图表数据区域"，此时光标变成十字形，选择工作表中区域 A5：C15。选择"图例项（系列）"中的系列一，点击"编辑"，出现"编辑数据系列"窗体，在"系列名称"中输入"2011 年 12 月 31 日"，点击"确认"按钮。用同样方法将系列二名称改为"2010 年 12 月 31 日"。所有数据选择好后，在"选择数据源"窗体中点击"确定"按钮，一张图表便生成在当前的工作表中了。可根据个人喜好进行图表修饰后，对图表作拖动和拉动调整，存放在适当区域中。

3. 在"垂直分析"工作表中，参考表 8 – 8，利用相应公式或函数在单元格中进行计算。

表 8 – 8

单元格	公式或函数
D5	= B5/B\$25
E5	= C5/C\$25
F5	= D5 – E5
D54：D68	｛= B54：B68/B54｝（数组公式）
E54：E68	｛= C54：C68/C54｝（数组公式）
F54：F68	｛= D54：D68 – E54：E68｝（数组公式）

将 D5 单元格的公式复制到 D6：D15、D17：D25、D27：D35 和 D44：D49。

将 E5 单元格的公式复制到 E6：E15、E17：E25、E27：E35 和 E44：E49。

将 F5 单元格的公式复制到 F6：F15、F17：F25、F27：F35 和 F44：F49。

画图反映"流动资产"的结构：在"插入"选项卡中"图表"数据组中点击"饼图"，选择"二维饼图"中的"饼图"，出现空白图标区。将光标置于空白图标区内，在"设计"选项卡的"数据"数据组中点击"选择数据"，弹出"选择数据源"窗体。点击"图表数据区域"，此时光标变成十字形，选择工作表中区域 A5：B14，所有数据选择好后，在"选择数据源"窗体中点击"确定"按钮，一张图表便生成在当前的工作表中了。可根据个人喜好进行图表修饰后，对图表作拖动和拉动调整，存放在适当区域中。

4. 在"趋势分析"工作表中，参考表 8 - 9，利用相应公式或函数在单元格中进行计算。

表 8 - 9

单元格	公式或函数
B21:B35	{ = B4:B18/B4:B18}（数组公式）
C21:C35	{ = C4:C18/B4:B18}（数组公式）
D21:D35	{ = D4:D18/B4:B18}（数组公式）
E21:E35	{ = E4:E18/B4:B18}（数组公式）

画图反映财务指标的趋势：在"插入"选项卡中"图表"数据组中点击"折线图"，选择"二维折线图"中的"带数据标记的折线图"，出现空白图标区。将光标置于空白图标区内，在"设计"选项卡的"数据"数据组中点击"选择数据"，弹出"选择数据源"窗体。在"图例项（系列）"中点击"添加"，出现"编辑数据系列"窗体，在"系列名称"中输入"营业利润"在"系列值"中选择工作表中区域 B30:E30，然后点击"确定"按钮。按同样方法在"图例项（系列）"中添加"利润总额"和"净利润"系列值。在"水平（分类）轴标签"中点击"编辑"，出现"轴标签"窗体，在"轴标签区域"中选择工作表中区域 B20:E20，然后点击"确定"按钮。所有数据选择好后，在"选择数据源"窗体中点击"确定"按钮，一张图表便生成在当前的工作表中了。可根据个人喜好进行图表修饰后，对图表作拖动和拉动调整，存放在适当区域中。

四、实训项目解决方案及分析

1. 水平分析实训结果如表 8 - 10、表 8 - 11、图 8 - 1 所示。

表 8 - 10　　　　　　　　　广州百泰资产负债表水平分析表　　　　　　金额单位：元

A	B	C	D	E	F
项目	2011. 12. 31	2010. 12. 31	变动情况		对总资产影响
			变动额	变动率	
流动资产：					
货币资金	2 451 272 357	3 581 271 148	- 1 129 998 791	- 31.55%	- 10.05%
交易性金融资产	10 155 117	37 231 561	- 27 076 444	- 72.72%	- 0.24%
应收票据	1 407 114 781	1 297 147 465	109 967 316	8.48%	0.98%
应收账款	716 224 368	499 064 686	217 159 682	43.51%	1.93%
预付账款	151 104 345	197 243 549	- 46 139 204	- 23.39%	- 0.41%
应收利息	4 628 050	6 435 599	- 1 807 549	- 28.09%	- 0.02%
应收股利	1 100	0	1 100	#DIV/0!	0.00%
其他应收款	185 495 720	78 792 004	106 703 716	135.42%	0.95%
存货	2 427 265 590	1 944 328 552	482 937 038	24.84%	4.30%
其他流动资产	0	100 000 000	- 100 000 000	- 100.00%	- 0.89%
流动资产合计	7 353 261 428	7 741 514 564	- 388 253 136	- 5.02%	- 3.45%

续表

A	B	C	D	E	F
项目	2011.12.31	2010.12.31	变动情况		对总资产影响
			变动额	变动率	
非流动资产：					
长期股权投资	956 494 430	1 104 504 766	−148 010 336	−13.40%	−1.32%
投资性房地产	22 056 844	21 811 112	245 732	1.13%	0.00%
固定资产	1 730 668 589	1 644 887 871	85 780 718	5.21%	0.76%
在建工程	247 743 983	190 837 816	56 906 167	29.82%	0.51%
无形资产	354 708 425	123 652 452	231 055 973	186.86%	2.06%
商誉	309 868 491	309 868 491	0	0.00%	0.00%
递延所得税资产	139 413 494	102 426 330	36 987 164	36.11%	0.33%
非流动资产合计	3 760 954 256	3 497 988 838	262 965 418	7.52%	2.34%
资产合计	11 114 215 684	11 239 503 402	−125 287 718	−1.11%	−1.11%
流动负债：					
短期借款	242 500 000	593 138 773	−350 638 773	−59.12%	−3.12%
应付票据	2 164 533 336	2 015 352 143	149 181 193	7.40%	1.33%
应付账款	2 202 874 215	2 209 068 816	149 181 193	7.40%	1.33%
预收账款	377 368 274	374 354 202	−6 194 601	−0.28%	−0.06%
应付职工薪酬	73 081 735	65 128 810	3 014 072	0.81%	0.03%
应交税费	−207 363 539	1 403 908	7 952 925	12.21%	0.07%
应付利息	2 554 898	2 906 162	−208 767 447	−14 870.45%	−1.86%
其他应付款	358761412	398405488	−351 264	−12.09%	0.00%
流动负债合计	5 214 310 331	5 659 758 302	−445 447 971	−7.87%	−3.96%
非流动负债：					
专项应付款	816 932	609 341	207 591	34.07%	0.00%
预计负债	12 908 706	10 605 853	2 302 853	21.71%	0.02%
其他非流动负债	22 621 575	15 708 327	6 913 248	44.01%	0.06%
递延所得税负债	38 446 983	0	38 446 983	#DIV/0!	0.34%
非流动负债合计	74 794 196	26 923 521	47 870 675	177.80%	0.43%
负债合计	5 289 104 527	5 686 681 823	−397 577 296	−6.99%	−3.54%
所有者权益					
股本	2 000 000 000	2 000 000 000	0	0.00%	0.00%
资本公积	638 393 600	638 393 600	0	0.00%	0.00%
盈余公积	599 197 577	576 838 368	22 359 209	3.88%	0.20%
未分配利润	2 587 519 980	2 337 589 611	249 930 369	10.69%	2.22%
所有者权益合计	5 825 111 157	5 552 821 579	272 289 578	4.90%	2.42%
负债和所有者权益合计	11 114 215 684	11 239 503 402	−125 287 718	−1.11%	−1.11%

表 8-11　　　　　　　　　　　　　广州百泰利润水平分析表

A	B	C	D	E
项目	2011 年度	2010 年度	变动额	变动率
一、营业收入	12 434 496 586	10 829 217 524	1 605 279 062	14.82%
减：营业成本	10 848 709 724	9 300 804 753	1 547 904 971	16.64%
营业税金及附加	216 791 503	200 684 900	16 106 603	8.03%
销售费用	741 324 439	691 029 166	50 295 273	7.28%
管理费用	510 949 684	470 951 362	39 998 322	8.49%
财务费用	39 580 356	30 177 305	9 403 051	31.16%
资产减值损失	64 920 533	34 628 978	30 291 555	87.47%
加：公允价值变动净收益	- 13 718 203	- 31 236 986	17 518 783	- 56.08%
投资净收益	393 881 329	476 399 954	- 82 518 625	- 17.32%
二、营业利润	392 383 473	546 104 028	- 153 720 555	- 28.15%
加：营业外收入	54 559 473	14 887 011	39 672 462	266.49%
减：营业外支出	17 120 525	8 011 619	9 108 906	113.70%
三、利润总额	429 822 421	552 979 420	- 123 156 999	- 22.27%
减：所得税	15 212 839	41 391 945	- 26 179 106	- 63.25%
四、净利润	414 609 582	511 587 475	- 96 977 893	- 18.96%

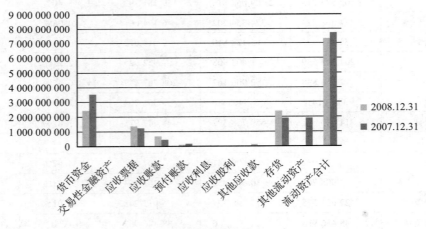

图 8-1　流动资产水平分析

实验分析：

（1）根据"广州百泰资产负债表水平分析表"和"流动资产水平分析图"进行资产负债表变动分析：

该公司 2011 年总资产比 2010 年下降 125 287 717 元，下降幅度为 1.11%，说明该公司 2011 年资产规模有所缩减。进一步分析可以发现流动资产下降 388 253 134 元，下降幅度为 5.02%，使总资产规模下降 3.45%。说明总资产规模下降是由于流动资产规模下降引起。特别是货币资金下降 1 129 998 791 元，下降幅度为 31.55%，使总资产规模下降 10.05%，说明公司资产流动性，特别是货币资金的变现能力下降很大。另外由于存货项目 2011 年增加 482 937 039 元，增长幅度为 24.84%，由于存货增长的影响，减缓了流动资产和总资产的下降趋势。

（2）根据"广州百泰利润水平分析表"进行利润变动分析：

该公司 2011 年实现净利润 414 609 581 元，比上年下降 96 977 891 元，下降率为18.96%。净利润下降主要是由利润总额比上年下降 123 156 998 元引起，由于所得税比上年也下降 26 179 106 元，二者相抵，导致净利润下降 96 977 891 元。

公司 2011 年利润总额为 429 822 420 元，比 2010 年下降 123 156 998 元，关键原因是公司营业利润下降 153 720 554 元，同时由于营业外收入增加 39 672 463 元，营业外支出增加9 108 906 元，增减因素相抵，导致利润总额下降。

虽然公司 2011 年营业收入比 2010 年增加 1 605 279 062 元，增长率为 14.82%，但由于营业成本也增加 1 547 904 971 元，增长率为 16.64%，同时营业税金及附加、销售费用、管理费用、财务费用和资产减值损失的增加以及投资净收益的减少，虽然公允价值变动净收益有所上升，还是导致营业利润下降 153 720 554 元。

2. 垂直分析实训结果如表 8 - 12、表 8 - 13、图 8 - 2 所示：

表 8 - 12　　　　　　　　　　　广州百泰资产负债表垂直分析表　　　　　　　　金额单位：元

A	B	C	D	E	F
项目	2011.12.31	2010.12.31	静态分析		动态分析
			2008.12.31	2007.12.31	变动情况
流动资产：					
货币资金	2 451 272 357	3 581 271 148	22.06%	31.86%	-9.81%
交易性金融资产	10 155 117	37 231 561	0.09%	0.33%	-0.24%
应收票据	1 407 114 781	1 297 147 465	12.66%	11.54%	1.12%
应收账款	716 224 368	499 064 686	6.44%	4.44%	2.00%
预付账款	151 104 345	197 243 549	1.36%	1.75%	-0.40%
应收利息	4 628 050	6 435 599	0.04%	0.06%	-0.02%
应收股利	1 100	0	0.00%	0.00%	0.00%
其他应收款	185 495 720	78 792 004	1.67%	0.70%	0.97%
存货	2 427 265 590	1 944 328 552	21.84%	17.30%	4.54%
其他流动资产	0	100 000 000	0.00%	0.89%	-0.89%
流动资产合计	7 353 261 428	7 741 514 564	66.16%	68.88%	-2.72%
非流动资产：					
长期股权投资	956 494 430	1 104 504 766	8.61%	9.83%	-1.22%
投资性房地产	22 056 844	21 811 112	0.20%	0.19%	0.00%
固定资产	1 730 668 589	1 644 887 871	15.57%	14.63%	0.94%
在建工程	247 743 983	190 837 816	2.23%	1.70%	0.53%
无形资产	354 708 425	123 652 452	3.19%	1.10%	2.09%
商誉	309 868 491	309 868 491	2.79%	2.76%	0.03%
递延所得税资产	139 413 494	102 426 330	1.25%	0.91%	0.34%
非流动资产合计	3 760 954 256	3 497 988 838	33.84%	31.12%	2.72%
资产合计	11 114 215 684	11 239 503 402	100.00%	100.00%	0.00%

续表

A	B	C	D	E	F
			静态分析		动态分析
项目	2011.12.31	2010.12.31	2008.12.31	2007.12.31	变动情况
流动负债:					
短期借款	242 500 000	593 138 773	2.18%	5.28%	-3.10%
应付票据	2 164 533 336	2 015 352 143	19.48%	17.93%	1.54%
应付账款	2 202 874 215	2 209 068 816	19.82%	19.65%	0.17%
预收账款	377 368 274	374 354 202	3.40%	3.33%	0.06%
应付职工薪酬	73 081 735	65 128 810	0.66%	0.58%	0.08%
应交税费	-207 363 539	1 403 908	-1.87%	0.01%	-1.88%
应付利息	2 554 898	2 906 162	0.02%	0.03%	0.00%
其他应付款	358 761 412	398 405 488	3.23%	3.54%	-0.32%
流动负债合计	5 214 310 331	5 659 758 302	46.92%	50.36%	-3.44%
非流动负债:					
专项应付款	816 932	609 341	0.01%	0.01%	0.00%
预计负债	12 908 706	10 605 853	0.12%	0.09%	0.02%
其他非流动负债	22 621 575	15 708 327	0.20%	0.14%	0.06%
递延所得税负债	38 446 983	0	0.35%	0.00%	0.35%
非流动负债合计	74 794 196	26 923 521	0.67%	0.24%	0.43%
负债合计	5 289 104 527	5 686 681 823	47.59%	50.60%	-3.01%
所有者权益					
股本	2 000 000 000	2 000 000 000	17.99%	17.79%	0.20%
资本公积	638 393 600	638 393 600	5.74%	5.68%	0.06%
盈余公积	599 197 577	576 838 368	5.39%	5.13%	0.26%
未分配利润	2 587 519 980	2 337 589 611	23.28%	20.80%	2.48%
所有者权益合计	5 825 111 157	5 552 821 579	52.41%	49.40%	3.01%
负债和所有者权益合计	11 114 215 684	11 239 503 402	100.00%	100.00%	

表 8-13　　　　　　　　　广州百泰利润垂直分析表

A	B	C	D	E	F
项目	2011 年度	2010 年度	2011 年度	2010 年度	变动情况
一、营业收入	12 434 496 586	10 829 217 524	100.00%	100.00%	0.00%
减：营业成本	10 848 709 724	9 300 804 753	87.25%	85.89%	1.36%
营业税金及附加	216 791 503	200 684 900	1.74%	1.85%	-0.11%
销售费用	741 324 439	691 029 166	5.96%	6.38%	-0.42%
管理费用	510 949 684	470 951 362	4.11%	4.35%	-0.24%
财务费用	39 580 356	30 177 305	0.32%	0.28%	0.04%
资产减值损失	64 920 533	34 628 978	0.52%	0.32%	0.20%
加：公允价值变动净收益	-13 718 203	-31 236 986	-0.11%	-0.29%	0.18%
投资净收益	393 881 329	476 399 954	3.17%	4.40%	-1.23%

续表

A	B	C	D	E	F
项目	2011 年度	2010 年度	2011 年度	2010 年度	变动情况
二、营业利润	392 383 473	546 104 028	3.16%	5.04%	-1.89%
加：营业外收入	54 559 473	14 887 011	0.44%	0.14%	0.30%
减：营业外支出	17 120 525	8 011 619	0.14%	0.07%	0.06%
三、利润总额	429 822 421	552 979 420	3.46%	5.11%	-1.65%
减：所得税	15 212 839	41 391 945	0.12%	0.38%	-0.26%
四、净利润	414 609 582	511 587 475	3.33%	4.72%	-1.39%

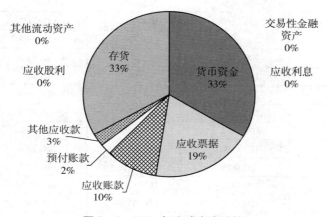

图 8-2　2011 年流动资产结构

实验分析：

（1）资产结构分析

从"广州百泰资产负债表垂直分析表"中可以看出，该公司 2011 年流动资产比重为 66.16%，非流动资产比重为 33.84%，可以认为该公司资产流动性较强，资产风险较小。从动态方面来看，该公司 2011 年流动资产比重下降了 2.72%，说明公司资产流动性有所下降，但由于变化幅度不是很大，说明该公司资产结构相对比较稳定。

从"2011 年流动资产结构"图中可以看出，公司 2011 年流动资产主要由货币资金、存货和应收账款三部分构成。

（2）资本结构分析

从"广州百泰资产负债表垂直分析表"中可以看出，该公司 2011 年所有者权益比重为 52.41%，负债比重为 47.59%，说明公司资产负债率较低，财务风险相对较小。从动态方面来看，所有者权益比重上升 3.01%，表明公司资本结构还是比较稳定，财务实力略有最强。

（3）利润结构变动分析

从"广州百泰利润垂直分析表"中可以看出，2011 年营业利润占营业收入的比重为 3.16%，比上年的 5.04% 下降 1.89%；2011 年度利润总额的比重为 3.46%，比上年的 5.11% 下降 1.65%；2011 年的净利润比重为 3.33%，比上年的 4.72% 下降 1.39%。可见，从公司利润的构成情况上看，盈利能力比上年度都有所下降。从其他项目的结构变化来看，主要是由于营业成本的比重上升了 1.36% 和投资净收益的比重下降了 1.23% 所致。

3. 趋势分析实训结果如表 8 - 14、图 8 - 3 所示。

表 8 - 14　　　　　　　　　　　广州百泰利润表定比分析表

A	B	C	D	E
项目	2008 年度	2009 年度	2010 年度	2011 年度
一、营业收入	100.00%	119.82%	122.61%	140.78%
减：营业成本	100.00%	118.88%	124.32%	145.01%
营业税金及附加	100.00%	222.46%	337.97%	365.09%
销售费用	100.00%	109.04%	131.71%	141.29%
管理费用	100.00%	117.72%	129.09%	140.06%
财务费用	100.00%	64.91%	4 209.66%	5 521.36%
资产减值损失	100.00%	6 345.94%	13 038.12%	24 443.16%
加：公允价值变动净收益	100.00%	916.39%	- 682.23%	- 299.61%
投资净收益	100.00%	-497.68%	-5813.45%	- 4 806.49%
二、营业利润	100.00%	156.22%	137.47%	98.77%
加：营业外收入	100.00%	164.05%	224.33%	822.14%
减：营业外支出	100.00%	71.01%	46.92%	100.27%
三、利润总额	100.00%	160.11%	142.96%	111.12%
减：所得税	100.00%	126.85%	75.84%	27.87%
四、净利润	100.00%	165.58%	153.98%	124.79%

实验分析：结合"广州百泰利润表定比分析表"和"2008 ~ 2011 利润趋势分析图"进行分析可知：

从净利润变动趋势看，从 2008 年开始该公司经营业绩大有改观，但 2010 年和 2011 年又相对有所下降。净利润的增长主要得益于利润总额和营业利润与此相同趋势的变动。公司盈利能力有所提高。

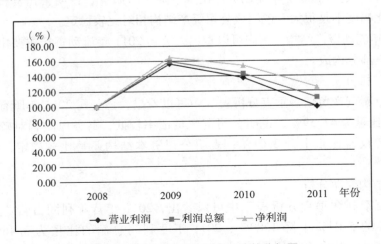

图 8 - 3　2008 ~ 2011 年利润趋势分析图

任务三 因素分析

【案例引入】

汽车油耗的因素分析

油耗，俗称汽车在行驶完 100 公里的耗油量。汽车的经济性指标主要由耗油量来表示，是汽车使用性能中重要的性能。尤其我国要实施燃油税，汽车的耗油量比率就有特别的意义。耗油量比率是指汽车行驶百公里消耗的燃油量（以"升"为计量单位）。

张先生的车油耗为每百公里 6 升，李先生的为每百公里 9 升，是否可以根据油耗这一比率声称张先生的车在省油方面做得更好，更省油吗？要回答这一问题，必须首先对影响油耗的几项具体因素进行分析，然后才能对上述结果做出解释，并最终确定到底谁更省油。这些因素包括：①载重量；②地形；③路况（城区路还是高速路）；④燃油等级；⑤行驶速度。尽管影响油耗的因素众多，但与财务报表比率的评价相比，耗油量比率的评价可以说是非常简单。之所以如此，是因为商业变量之间存在着极为复杂的内在关系，其影响因素也更为复杂。

【能力目标】

能利用因素分析法对财务数据进行分析。

【知识目标】

1. 掌握利用函数和公式进行因素分析。
2. 掌握预警的使用。
3. 掌握利用 Excel 画图工具，分析指标与其影响因素之间的关系。

【实训项目】

一、实训项目资料及要求

根据广州百泰子公司——GG 公司 2011 年和 2010 年主要产品销售明细资料（如下表所示）进行因素分析，分析各因素对产品销售利润完成情况的影响。

产品销售明细表								
产品名称	销售数量		单位售价		单位成本		销售税率	
	2011 年	2010 年	2011 年	2010 年	2011 年	2010 年	2011 年	2010 年
甲	1 200	1 120	1 600	1 650	891	909	5%	5%
乙	50	40	5 000	5 000	4 130	4 159	7%	5%
丙	35	40	4 200	4 300	4 026	3 928	4%	5%

二、实训项目知识链接

因素分析法是依据分析指标与其影响因素之间的关系，按照一定的程序和方法，确定各因素对分析指标差异影响程度的一种技术方法。根据其分析特点可分为连环替代法和差额计算法两种。

1. 连环替代法。

连环替代法是因素分析法的基本形式，通过对分析指标进行分解或扩展，得出各影响因素与分析指标之间的关系式，根据分析指标的报告期数值与基期数值列出两个指标体系。以基期指标体系为计算基础，用报告期指标体系中的每一因素的实际数顺序地替代其相应的基期数，每次替代一个因素，替代后的因素被保留下来，计算替代结果。比较各因素的替代结果，确定各因素对分析指标的影响程度。最后，将各因素对分析指标的影响额相加，其代数和应等于分析对象，如果二者不相等，则说明分析结果一定是错误的。

2. 差额计算法。

差额计算法是连环替代法的一种简化形式，其因素分析的原理与连环替代法是相同的，但在分析程序上简化，可直接利用各影响因素的报告期数与基期数的差额，在其他因素不变的假定条件下，计算各因素对分析指标的影响程度。

3. 产品销售利润的因素分析。

产品销售利润是综合反映企业主营业务最终财务成果的指标，其高低直接反映企业生产经营状况和经济效益状况，企业商品经营盈利状况最终还是取决于主营业务利润的高低，对产品销售利润进行因素分析十分必要。

产品销售利润的计算公式如下：

产品销售利润 $= \sum [$ 销售量 $\times ($ 单价 $-$ 单位销售成本 $) -$ 销售收入 $\times$ 销售税率 $]$

从上式可以看出，影响产品销售利润的基本因素包括：销售量、销售品种结构、单价、单位销售成本和销售税率。

（1）销售量变动对销售利润的影响分析。

销售量变动对利润的影响 $=$ 销售利润基期数 $\times ($ 销售量完成率 $-1)$

$$销售量完成率 = \frac{\sum (报告期销售量 \times 基期单价)}{\sum (基期销售量 \times 基期单价)} \times 100\%$$

（2）销售品种结构变动对销售利润的影响分析。

品种结构变动对利润的影响 $= \sum [($ 报告期销售量 $\times$ 基期单位利润 $) -$ 基期销售利润 $\times$ 销售量完成率 $]$

（3）销售价格变动对销售利润的影响分析。

价格变动对利润的影响 $= \sum [$ 报告期销售量 $\times ($ 报告期单价 $-$ 基期单价 $) \times (1 -$ 基期税率 $)]$

（4）销售成本变动对销售利润的影响分析。

销售成本变动对利润的影响 $= \sum [$ 报告期销售量 $\times ($ 基期单位销售成本 $-$ 报告期单位销售成本 $)]$

（5）税率变动对销售利润的影响分析。

$$税率变动对利润的影响 = \sum \left[报告期销售收入 \times (基期税率 - 报告期税率) \right]$$

三、实训步骤

打开项目八任务三"因素分析"的工作簿，输入相关公式和函数进行计算，如下表所示：

单元格	公式或函数	单元格	公式或函数
D4:D6	$\{ = B4:B6 * C4:C6 \}$（数组公式）	D7	$= SUM(D4:D6)$
F4:F6	$\{ = B4:B6 * E4:E6 \}$（数组公式）	F7	$= SUM(F4:F6)$
H4:H6	$\{ = D4:D6 * G4:G6 \}$（数组公式）	H7	$= SUM(H4:H6)$
I4:I6	$\{ = C4:C6 - E4:E6 - C4:C6 * G4:G6 \}$（数组公式）	I7	$= SUM(I4:I6)$
J4:J6	$\{ = D4:D6 - F4:F6 - H4:H6 \}$（数组公式）	J7	$= SUM(J4:J6)$
D12:D14	$\{ = B12:B14 * C12:C14 \}$（数组公式）	D15	$= SUM(D12:D14)$
F12:F14	$\{ = B12:B14 * E12:E14 \}$（数组公式）	F15	$= SUM(F12:F14)$
H12:H14	$\{ = D12:D14 * G12:G14 \}$（数组公式）	H15	$= SUM(H12:H14)$
I12:I14	$\{ = C12:C14 - E12:E14 - C12:C14 * G12:G14 \}$（数组公式）	I15	$= SUM(I12:I14)$
J12:J14	$\{ = D12:D14 - F12:F14 - H12:H14 \}$（数组公式）	J15	$= SUM(J12:J14)$
B17	$= (B12 * C4 + B13 * C5 + B14 * C6)/D7$	B21	$= J7 * (B17 - 1)$
B22	$= B12 * I4 + B13 * I5 + B14 * I6 - J7 * B17$	B23	$= B12 * (C12 - C4) * (1 - G4) + B13 * (C13 - C5) * (1 - G5) + B14 * (C14 - C6) * (1 - G6)$
B24	$= B12 * (E4 - E12) + B13 * (E5 - E13) + B14 * (E6 - E14)$	B25	$= B12 * C12 * (G4 - G12) + B13 * C13 * (G5 - G13) + B14 * C14 * (G6 - G14)$
B26	$= IF(SUM(B21:B25) = (J15 - J7), J15 - J7,"报警(因素分解错误)")$	C21:C26	$\{ = B21:B26/B26 \}$（数组公式）

画图反映各因素对产品销售利润的影响：在"插入"选项卡中"图表"数据组中点击"柱形图"，选择"二维柱形图"中的"簇状柱形图"，出现空白图标区。将光标置于空白图标区内，在"设计"选项卡的"数据"数据组中点击"选择数据"，弹出"选择数据源"窗体。点击"图表数据区域"，此时光标变成十字形，选择工作表中区域A20：B26，在"选择数据源"窗体中点击"切换行/列"，再点击"确定"按钮，一张图表便生成在当前的工作表中了。可根据个人喜好进行图表修饰后，对图表作拖动和拉动调整，存放在适当区域中。

四、实训项目解决方案及分析

实训结果如表8-14、表8-15、表8-16、图8-4所示。

表 8-14　　　　　　　　　　　　基期产品销售明细表

A	B	C	D	E	F	G	H	I	J
产品名称	销售数量	销售收入		销售成本		销售税金		单位销售利润	销售利润
		单位售价	总额	单位成本	总额	税率	总额		
甲	1 120	1 650	1 848 000	909	1 018 080	5%	92 400	659	737 520
乙	40	5 000	200 000	4 159	166 360	5%	10 000	591	23 640
丙	40	4 300	172 000	3 928	157 120	5%	8 600	157	6 280
合计			2 220 000		1 341 560		111 000		767 440

表 8-15　　　　　　　　　　　　报告期产品销售明细表

A	B	C	D	E	F	G	H	I	J
产品名称	销售数量	销售收入		销售成本		销售税金		单位销售利润	销售利润
		单位售价	总额	单位成本	总额	税率	总额		
甲	1 200	1 600	1 920 000	891	1 069 200	5%	96 000	629	754 800
乙	50	5 000	250 000	4 130	206 500	7%	17 500	520	26 000
丙	35	4 200	147 000	4 026	140 910	4%	5 880	6	210
合计			2 317 000		1 416 610		119 380		781 010

表 8-16　　　　　　　　　　　　产品销售利润影响因素表

A	B	C
销售量完成率	107.23%	
影响因素	对产品销售利润的影响	占销售利润变动的百分比
销售数量	55 483.84	408.87%
品种结构	2 321.16	17.11%
销售价格	-60 325.00	-444.55%
销售成本	19 620.00	144.58%
税率	-3 530.00	-26.01%
合计	13 570.00	100.00%

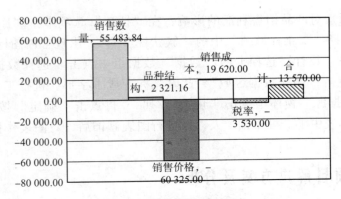

图 8-4　销售利润影响因素

从以上实训结果可以看出，企业 2008 年产品销售利润比上年增加 13 570 元，是各因素共同作用的结果，其中增加销售量和降低销售成本是利润增加的主要原因，品种结构变动也给利润增长带来有利影响。但销售价格的下降和销售税率的上升给利润增长带来阻力。税率因素属于客观因素，而价格因素则要具体分析。除国家宏观政策调价等客观原因外，还应分析其他主观原因。价格下降使利润减少 60 325 元，大于销售数量上升使利润增长的55 483.84 元，如果价格下降是为了提高销售量，这样企业调价的措施是不恰当的。

任务四　财务综合分析

【案例引入】

宝钢股份与鞍钢股份盈利能力存在差异的原因分析

宝钢股份和鞍钢股份在国内钢铁业处于领先地位，宝钢股份 2002～2006 年的净资产收益率分别为 13.92%、19.76%、22.59%、17.38%、16.25%，鞍钢股份 2002～2006 年的净资产收益率分别为 7.62%、16.01%、17.53%、18.44%、22.70%。由数据可以看出，2004年以前，宝钢股份的净资产收益率大于鞍钢股份，而此后的净资产收益率小于鞍钢股份，即宝钢股份前期盈利能力是大于鞍钢股份的，在 2004 年至 2005 年期间发生了变化，鞍钢股份的盈利能力超过了宝钢股份。到底是什么原因导致了这样的结果呢？

首先分析直接影响净资产收益率的因素：总资产净利率和权益乘数。通过分析得知，2004 年前宝钢股份总资产净利率大于鞍钢股份，2005 年前宝钢股份的权益乘数大于鞍钢股份，而此后，总资产净利率、权益乘数小于鞍钢股份，造成了 2004 年前宝钢股份的净资产收益率大于鞍钢股份，而 2005 年、2006 年小于鞍钢股份。

进一步分析影响总资产净利率的直接因素：销售净利率和总资产周转率。2004 年前宝钢股份的总资产净利率大于鞍钢股份，是因为宝钢股份的销售净利率大于鞍钢股份。但是，宝钢股份的总资产周转率小于鞍钢股份则减少了宝钢股份与鞍钢股份在总资产净利率方面的差异。2004 年后，宝钢股份总资产净利率低于鞍钢股份，是鞍钢股份销售净利率增加，而宝钢股份销售净利率减少以及鞍钢股份总资产周转率等因素综合影响的结果。

通过分析宝钢股份和鞍钢股份净利润构成项目与净利润的比值、全部成本费用项目与营业收入的比值发现，鞍钢股份销售净利率的提高主要得益于在企业发展过程中能控制生产成本的增加，而宝钢股份销售净利率的下降则是由于近几年生产成本上涨对利润侵蚀的结果。

通过分析宝钢股份和鞍钢股份流动资产周转率和流动资产比重发现，鞍钢股份、宝钢股份总资产周转率的变化是这两个公司流动资产周转率和流动资产比重变化综合影响的结果。

通过分析宝钢股份和鞍钢股份的产权比率发现，2005 年前宝钢股份盈利能力大于鞍钢股份的原因是宝钢股份的生产成本低于鞍钢股份以及负债程度高于鞍钢股份；2005 年后宝钢股份盈利能力小于鞍钢股份的原因是成本上升侵蚀了宝钢股份的利润。

从案例中我们可以发现，各个财务指标之间并不是彼此独立、互不干涉的，而是相互联系、环环相扣的。因此我们进行财务综合分析。

（案例选自李秉承等：《财务管理案例教程》，中国财政经济出版社 2005 版，第 245 页）

【能力目标】

能利用杜邦分析法对财务数据进行分析。

【知识目标】

1. 利用 Excel 提供的函数指标及公式运算，掌握杜邦分析法。
2. 综合分析和评价企业的财务状况及经营成果，预测未来的发展趋势。

【实训项目】

一、实训项目资料及要求

根据广州百泰资产负债表和利润表的相关资料进行杜邦分析。

二、实训项目知识链接

利用财务比率进行财务分析，虽然可以了解企业各方面的财务状况，但不能反映企业各方面的财务状况之间的关系。实际上，各种财务比率之间都存在一定的相互关系。在财务分析时，应将企业的财务状况看作一个系统，内部各种因素都是相互依存、相互作用的，财务状况分析者必须对整个系统进行综合分析，只有这样，才能比较全面地了解企业的财务状况。

杜邦分析法，亦称杜邦财务分析体系，是指根据各主要财务比率指标之间的内在联系，建立财务分析指标体系，综合分析企业财务状况的方法。由于该指标体系是由美国杜邦公司最先采用的，故称杜邦财务分析体系。杜邦分析体系的特点，是将若干反映企业盈利状况、财务状况和营运状况的比率按其内在联系有机地结合起来，形成一个完整的指标体系，并最终通过净资产收益率这一核心指标来综合反映。

在杜邦财务分析体系中，包含了几种主要的指标关系，可以分为两大层次：

第一层次包括：

（1）净资产收益率 ROE = 总资产净利率 × 权益乘数　即：

$$\frac{\text{净利润}}{\text{净资产}} \times 100\% = \left(\frac{\text{净利润}}{\text{总资产}} \times 100\% \right) \times \frac{\text{总资产}}{\text{净资产}}$$

（2）总资产净利率 = 销售净利率 × 总资产周转率　即：

$$\frac{\text{净利润}}{\text{总资产}} \times 100\% = \left(\frac{\text{净利润}}{\text{营业收入}} \times 100\% \right) \times \frac{\text{营业收入}}{\text{总资产}}$$

以上关系表明，影响净资产收益率最重要的因素有三个，即：

净资产收益率 = 销售净利率 × 总资产周转率 × 权益乘数

第二层次包括：

（1）销售净利率的分解

$$\text{销售净利率} = \frac{\text{净利润}}{\text{营业收入}} \times 100\% = \frac{\text{总收入} - \text{总成本费用}}{\text{营业收入}}$$

（2）总资产周转率的分解

$$\text{总资产周转率} = \frac{\text{营业收入}}{\text{总资产}} = \frac{\text{营业收入}}{\text{流动资产} + \text{非流动资产}}$$

通过杜邦分析可以了解以下财务信息：

（1）净资产收益率是综合性最强的财务指标，是企业综合财务分析的核心。这一指标反映了投资者投资资本获利能力的高低，体现出企业经营的目标。从企业财务活动和经营活动的相互关系上看，净资产收益率的变动取决于企业的资本经营、资产经营和商品经营。

（2）总资产周转率是反映企业营运能力最重要的指标，是企业资产经营的结果，是实现净资产收益率最大化的基础。企业总资产由流动资产和非流动资产组成，流动资产体现企业的偿债能力和变现能力，非流动资产体现企业的经营规模、发展潜力和盈利能力。各类资产的收益性又有较大区别，如现金、应收账款几乎没有收益。所以，资产结构是否合理以及营运效率高低是企业资产经营的核心问题，并最终影响到企业的经营业绩。

（3）销售净利率是反映企业商品经营盈利能力最重要的指标，是企业商品经营的结果，是实现净资产收益率最大化的保证。企业从事商品经营，目的在于获利，其途径只有两条，一是扩大营业收入，二是降低成本费用。

（4）权益乘数既是反映企业资本结构的指标，也是反映企业偿债能力的指标，是企业资本经营，即筹资活动的结果，它对提高净资产收益率起到杠杆作用。适度开展负债经营，合理安排企业资本结构，可以提高净资产收益率。

三、实训步骤

在"杜邦财务分析图"工作表中输入相关公式和函数进行计算，如下表所示。

单元格	公式或函数	单元格	公式或函数
E2	= C5 * G5	C5	= B8 * E8
G5	= 1/（1 – H8）	B8	= A11/B11
E8	= D11/F11	H8	= H11/I11
A11	= A14 – B14	B11	= 利润表！B4
D11	= 利润表！B4	F11	= （D14 + G14）/2
H11	= 资产负债表！E27	I11	= 资产负债表！B36
A14	= A17 + A19 + A21 + A23	B14	= B17 + B19 + B21 + B23 + B25 + B27 + B29 + B31
D14	= D17 + E17	G14	= G17 + H17
A17	= 利润表！B4	A19	= 利润表！B11
A21	= 利润表！B12	A23	= 利润表！B14
B17	= 利润表！B5	B19	= 利润表！B6
B21	= 利润表！B7	B23	= 利润表！B8
B25	= 利润表！B9	B27	= 利润表！B10
B29	= 利润表！B15	B31	= 利润表！B17
D17	= D20 + D22 + D24 + D26 + D28 + D30 + D32 + D34 + D36 + D38		
D20	= 资产负债表！C5	D22	= 资产负债表！C6
D24	= 资产负债表！C7	D26	= 资产负债表！C8
D28	= 资产负债表！C9	D30	= 资产负债表！C10
D32	= 资产负债表！C11	D34	= 资产负债表！C12
D36	= 资产负债表！C13	D38	= 资产负债表！C15

续表

单元格	公式或函数	单元格	公式或函数
E17	= E20 + E22 + E24 + E26 + E28 + E30 + E32	E20	= 资产负债表！C21
E22	= 资产负债表！C22	E24	= 资产负债表！C23
E26	= 资产负债表！C24	E28	= 资产负债表！C29
E30	= 资产负债表！C31	E32	= 资产负债表！C33
G17	= G20 + G22 + G24 + G26 + G28 + G30 + G32 + G34 + G36 + G38		
G20	= 资产负债表！B5	G22	= 资产负债表！B6
G24	= 资产负债表！B7	G26	= 资产负债表！B8
G28	= 资产负债表！B9	G30	= 资产负债表！B10
G32	= 资产负债表！B11	G34	= 资产负债表！B12
G36	= 资产负债表！B13	G38	= 资产负债表！B15
H17	= H20 + H22 + H24 + H26 + H28 + H30 + H32	H20	= 资产负债表！B21
H22	= 资产负债表！B22	H24	= 资产负债表！B23
H26	= 资产负债表！B24	H28	= 资产负债表！B29
H30	= 资产负债表！B31	H32	= 资产负债表！B33

四、实训项目解决方案及分析

实验结果如下表所示：

A	B	C	D	E	F	G	H	I
1					净资产收益率			
2					7.08%			
3								
4			总资产净利率		×		权益乘数	
5			3.71%				1.91	
6								
7		销售净利率		×	资产周转率		1÷（1－资产负债率）	
8		3.33%			1.11		47.59%	
9								
10	净利润 ÷ 营业收入			营业收入	÷	平均资产总额	负债总额 ÷ 资产总额	
11	414 609 582	12 434 496 586		12 434 496 586		11 176 859 543	5 289 104 527	11 114 215 684
12								
13	总收入	总成本费用		（期初资产总额	+	期末资产总额）	÷2	
14	12 869 219 185	12 454 609 603		11 239 503 402		11 114 215 684		
15								
16	营业收入	营业成本		流动资产 + 非流动资产		流动资产 + 非流动资产		
17	12 434 496 586	10 848 709 724		7 741 514 564	3 497 988 838	7 353 261 428	3 760 954 256	
18	公允价值变动净收益	营业税金及附加						

续表

	A	B	C	D	E	F	G	H	I
19	-13 718 203	216 791 503		货币资金	长期股权投资		货币资金	长期股权投资	
20	投资净收益	销售费用		3 581 271 148	1 104 504 766		2 451 272 357	956 494 430	
21	393 881 329	741 324 439		交易性金融资产	投资性房地产		交易性金融资产	投资性房地产	
22	营业外收入	管理费用		37 231 561	21 811 112		10 155 117	22 056 844	
23	54 559 473	510 949 684		应收票据	固定资产		应收票据	固定资产	
24		财务费用		1 297 147 465	1 644 887 871		1 407 114 781	1 730 668 589	
25		39 580 356		应收账款	在建工程		应收账款	在建工程	
26		资产减值损失		499 064 686	190 837 816		716 224 368	247 743 983	
27		64 920 533		预付账款	无形资产		预付账款	无形资产	
28		营业外支出		197 243 549	123 652 452		151 104 345	354 708 425	
29		17 120 525		应收利息	商誉		应收利息	商誉	
30		所得税		6 435 599	309 868 491		4 628 050	309 868 491	
31		15 212 839		应收股利	递延所得税资产		应收股利	递延所得税资产	
32				0	102 426 330		1 100	139 413 494	
33				其他应收款			其他应收款		
34				78 792 004			185 495 720		
35				存货			存货		
36				1 944 328 552			2 427 265 590		
36				其他流动资产			其他流动资产		
37				100 000 000			0		